Bernd-Lutz Lange · Andrea Lorz

JÜDISCHE SPUREN IN LEIPZIG

Passage-Verlag

Die in Auszügen wiedergegebene Erzählung „Flüge" ist dem Band „Vertreibung aus dem Paradies" von Christa Müller (Berlin/Weimar 1979) entnommen.
Die 1. Auflage von „Jüdische Spuren in Leipzig" erschien 1993 im Forum Verlag Leipzig Buch-Gesellschaft GmbH

Bildnachweis
Silvia Hauptmann S. 2, 16, 19, 20, 21, 22, 29, 31, 32, 34, 40, 42/43, 44, 45, 46, 55, 62, 65, 66, 67, 69, 80, 82, 94
Thomas Liebscher S. 9, 26, 27, 35, 50, 51, 56, 59, 60, 70, 72 u., 76, 77, 84, 86, 88, 92 o., u.
Andrea Lorz S. 28, 30, 33, 48 o., 90, 92 M.
Erika Machleb S. 15
Stadtgeschichtliches Museum S. 12, 13, 24, 25, 37, 38 (Bertha Wehnert-Beckmann), 39, 47, 48 u., 72 o., 74, 75, 89
Universitätsbibliothek Leipzig S. 97

Die Abbildungen auf der Titelseite zeigen das Glasfenster in der Decke des Ariowitsch-Hauses (Neubau) sowie ein Glasfenster in der Gemeindesynagoge Keilstraße 4. Auf der hinteren Umschlagseite ist der Fußboden im Ephraim-Carlebach-Haus Gustav-Adolf-Straße 7 abgebildet. Das Frontispiz zeigt ein Glasfenster in der Gemeindesynagoge Keilstraße.

Gestaltung: Thomas Liebscher
Umschlagfotos: Silvia Hauptmann (Titel), Andrea Lorz (Rücktitel)
Korrektur: Marianne Albrecht
Satz/Herstellung: Passage-Verlag

3., überarbeitete Auflage
Passage-Verlag Leipzig, 2022

ISBN 978-3-95415-045-8

INHALT

VORWORT

Der erste Aufenthalt von Juden in Sachsen wird um das Jahr 1000 angenommen. Sie kamen vorrangig aus südeuropäischen Ländern und aus süddeutschen Städten, wie Trier, Koblenz, Speyer und Worms. In einer Urkunde Heinrichs des Erlauchten aus dem Jahre 1248 wurden erstmalig auch Juden in Leipzig erwähnt. In der 1794 in Leipzig erschienenen Publikation „Vogel's Annalen", einer von M. Johann Jacob Vogel verfassten Chronik der Entwicklung von Leipzig, erwähnt der Autor eine „grausame Pestilentz", die in den Jahren 1348/49 zu Pogromen führte, da man den Juden die Schuld für die Ausbreitung der Krankheit gab. Der Chronist Vogel berichtete weiter, dass Juden in Leipzig „in großer Menge umgebracht worden". Trotzdem existierte in jener Zeit eine jüdische Siedlung vor den Mauern der Stadt. Die Judengasse befand sich etwa zwischen der heutigen Hauptfeuerwache und dem Goerdelerring.

Ab Mitte des 15. Jahrhunderts soll es wegen der Verfolgungen keine sesshaften Juden mehr in Leipzig gegeben haben. Sie kamen nur zu den Messen und leisteten Bedeutendes für den damaligen Warenverkehr, hatten aber höhere Abgaben für ihre Handelstätigkeit zu zahlen. 1664 baten die Messjuden, wie sie genannt wurden, um Gleichstellung mit den christlichen Kaufleuten, Erleichterungen und neue Repressalien wechselten sich in der Folgezeit ab. Um 1700 durften sich die jüdischen Kaufleute für die Messezeit am Brühl ansiedeln. Damit begann die legendäre Geschichte jener Straße, die vor allem die jüdischen Rauchwarenhändler aus Russland, Polen und Galizien begründeten. Die Juden aus Brody, einer Stadt in Nordgalizien, richteten am Brühl die erste Betstube ein. Sie befand sich im Haus Zum Blauen Harnisch, Brühl 71.

Erst in der zweiten Hälfte des 18. Jahrhunderts kam es zu spürbaren Verbesserungen für die Handelstätigkeit. 1772 wurden die

jüdischen Händler aus Russland, Polen und Ungarn vom Leibzoll befreit und zahlten erstmalig nicht mehr als christliche Kaufleute. Von großer Bedeutung für die Juden war die Französische Revolution, 1791 erhielten sie durch die Nationalversammlung das Bürgerrecht in Frankreich. Diese Entwicklung führte zu weiteren Erleichterungen im deutschen Raum. 1810 erhielten polnische Juden die Genehmigung, auch außerhalb der Messen in Leipzig Handel zu treiben. Während in Preußen die Juden 1812 die vollen Bürgerrechte zugesprochen bekamen, dauerte es in Sachsen noch bis zur bürgerlichen Revolution von 1830, ehe Schritt für Schritt die Gleichberechtigung realisiert wurde. 1839 erhielt Salomon Veith als erster Leipziger Jude das Bürgerrecht. Siebzig bis achtzig jüdische Menschen lebten in jener Zeit in der Messestadt, vorwiegend Kaufleute, Intellektuelle und Handwerker, aber es gab auch schon ein jüdisches Proletariat. Zum Gottesdienst versammelte sich die Israelitische Religionsgemeinde in der Synagoge am Brühl.
Die Attraktivität des Handelsplatzes Leipzig und die industrielle Revolution verstärkten in der zweiten Hälfte des 19. Jahrhunderts die Einwanderungsbewegung. Außerdem flohen viele Familien vor den zaristischen Pogromen aus Russland. Die große Zahl von galizischen, polnischen und russischen Juden bewirkte, dass in Leipzig die nach Berlin zweitgrößte ostjüdische Gemeinde entstand. In die Messestadt zogen der reiche Pelzhändler und der arme galizische Dorfjude. Sie kamen in der Hoffnung auf ein freies Leben ohne Antisemitismus, ohne Pogrome, in der Hoffnung auf Arbeit und gute Bildungschancen für ihre Kinder.
Die Leipziger Juden prägten so das wirtschaftliche, kulturelle und das wissenschaftliche Leben Leipzigs spürbar mit.
Angezogen vom Fluidum Leipzigs besuchten auch zahlreiche Künstler und Schriftsteller die Stadt, unter anderen auch Schmuel J. Agnon, der spätere Literaturnobelpreisträger. Er hatte familiäre Verbindungen nach Leipzig und hielt sich deshalb zwischen 1915 und 1924 des öfteren in der Messestadt auf, wohnte sogar kurz-

Letzter noch existierender Hinweis auf eine jüdische Pelzhandlung (Gebr. Assuschkewitz) am Brühl 74

zeitig hier. In seinem Roman „Herrn Lublins Laden" läßt Agnon in einigen Passagen die Gegenden, in denen der besagte Laden und das Lebensumfeld seines Besitzers angesiedelt waren, wieder aufleben. Er beschreibt das Viertel um den Ranstädter Steinweg, das Böttchergässchen, aber auch die Jacobstraße und die Gustav-Adolf-Straße im Waldstraßenviertel.

Die zunehmende Einwanderung rief die Antisemiten verstärkt auf den Plan. In dem illustrierten Handbuch der Presse und des Verlagsbuchhandels „Das litterarische Leipzig" fanden sich 1897 bereits vier Verlage, die in ihrem Programm offen „antisemitisches Schrifttum" auswiesen. Unter dem Titel „Antisemitische Korrespondenz" wurde sogar eine Zeitung herausgegeben.

Im „Philo-Lexikon", dem „Handbuch des jüdischen Wissens", ist die Zahl der Juden für Leipzig im Jahr 1936 mit 11 564 angegeben. Die Zahl derer, die aufgrund der „Nürnberger Gesetze" rassisch verfolgt wurden, ist jedoch höher zu veranschlagen. Einem Teil gelang noch rechtzeitig die Flucht, Tausende wurden jedoch in den Lagern umgebracht. Genaue Daten sind nicht bekannt. Die Zeittafel zur Geschichte der Juden in Leipzig am Schluss dieses Bandes listet unter anderem die Fakten des Martyriums auf.

Unmittelbar nach dem Krieg hatte die Israelitische Religionsgemeinde noch 14 Mitglieder; 1947, nach der Rückkehr von Überlebenden aus den Lagern, bestand die Gemeinde aus 301 Mitgliedern. Wegen der neuerlichen Repressalien gegen jüdische Menschen in der stalinistischen Ära verließen in den Jahren 1952/53 viele von ihnen Leipzig und gingen in den Westen Deutschlands. In den achtziger Jahren sank die Mitgliederzahl der überalterten Gemeinde auf 38 Frauen und Männer. Ohne den Vorsitzenden Aron Adlerstein und seinen Vorgänger Eugen Gollomb – sie stammen beide aus Polen, überlebten Auschwitz und nahmen nach dem Krieg ihren Wohnsitz in Leipzig – hätte an den hohen jüdischen Feiertagen kein Gottesdienst mehr in der Synagoge stattfinden können. Sie sorgten mit einigen aktiven Mitgliedern für das Überleben der Gemeinde.

Durch die Einwanderung russischer Juden nach der Wiedervereinigung Deutschlands, der sogenannten Kontingentflüchtlinge, wuchs auch die Israelitische Religionsgemeinde zahlenmäßig wieder an. Sie ist inzwischen mit ca. 1300 Mitgliedern die größte jüdische Gemeinde in Sachsen.

Der vorliegende Stadtführer erscheint nunmehr in überarbeiteter und erweiterter Auflage.

Wir bedanken uns bei der Israelitischen Religionsgemeinde zu Leipzig für die Unterstützung unserer Arbeit, besonders bei dem ehemaligen Vorsitzenden Rolf Isaacsohn und seinem Nachfolger Küf Kaufmann, sowie bei Klaudia Krenn. Unser Dank gilt gleichermaßen den Mitarbeitern des Stadtgeschichtlichen Museums, des Sächsischen Staatsarchivs Leipzig, des Stadtarchivs und Dr. Kerstin Plowinski von der Ephraim Carlebach Stiftung e. V.

Bernd-Lutz Lange · Andrea Lorz — Leipzig, im März 2016

Ehemaliger Israelitischer Friedhof

Stephanstraße

(heute Kleingartenanlage Johannistal 1832 e. V.)

Im „Leipziger Kalender" von 1925 schreibt Paul Benndorf: „Dem Blicke völlig entrückt, von nur wenigen gekannt, den meisten eine terra incognita, liegt gleich einer einsamen Insel im wogenden Ozeane des Großstadtverkehrs ein friedlicher Ort: der alte Israelitische Friedhof im Johannistale. Der Zugang zu diesem stadt-, kunst- und kulturgeschichtlich interessanten Begräbnisplatze liegt neben der Sternwarte zwischen Privatgärten."

Wer auf den Spuren jüdischen Lebens heute in die Stephanstraße kommt, sucht jedoch vergeblich diesen Zugang – den ersten jüdischen Friedhof Leipzigs gibt es nicht mehr. Der nationalsozialistische Rat der Stadt kündigte im Jahr 1936 der Gemeinde das Gelände mit der Begründung, dass an dieser Stelle ein Volkspark entstehen solle! Eine besonders rücksichtslose Absicht, weil nach

Das Areal des ältesten Israelitischen Friedhofs an der Stephanstraße, links von der ehemaligen Sternwarte aus gesehen

Grabsteinsymbolik

jüdischem Gesetz ein Grab nie eingeebnet werden darf. Die Israelitische Religionsgemeinde erhielt lediglich die Erlaubnis zur Umbettung der Toten, die in einem Gemeinschaftsgrab auf dem Neuen Jüdischen Friedhof erfolgte. Dort sind heute im hinteren Teil der Anlage einige gerettete, besonders kunsthistorisch wertvolle Grabsteine zu besichtigen.

Bis zur Errichtung des ersten jüdischen Friedhofs im Johannistal mußten in Leipzig verstorbene Juden in Dessau oder Naumburg beerdigt werden. Ende des 18. Jahrhunderts wurde durch die Erweiterung des Messbetriebs eine eigene Begräbnisstätte immer dringlicher. Im Jahre 1798 wandte sich der Vorsteher der polnischen Juden aus Brody an den Rat der Stadt, um eine Genehmigung zu erhalten. Schließlich erteilte die Stadt nach einigem Zögern am 29. Oktober 1814 die Konzession. Am 28. November desselben Jahres erfolgte die Einweihung des Friedhofs mit der Beerdigung von Alexander Mendel aus Danzig.

Von 1814 bis zur Schließung des Friedhofs im Jahre 1864 fanden 334 Beerdigungen statt. Der prominenteste Jude, der bestattet wurde, war der dem Chassidismus anhängende Wunderrabbi

Schalom Joseph Friedmann aus Sadagora in der Bukowina, der am 26. August 1852 während seines Aufenthalts in Leipzig starb. Die Grabstätte wurde zum Wallfahrtsort seiner Anhänger. Im 20. Jahrhundert lebte ein Nachkomme des Rabbiners in Leipzig (siehe Wohn- und Bethaus des Rabbiners Israel Friedmann).
Auch Samuel Dreifuß (Dreyfus) aus Mülhausen im Elsaß, der am 17. Mai 1840 verstarb, wurde hier begraben. Die Verurteilung seines Enkels Alfred Dreyfus (1859–1935) der fälschlicherweise der Spionage beschuldigt und auf die „Teufelsinsel" verbannt wurde, löste eine politische Affäre aus und führte seinerzeit zu Solidaritätsbekundungen vieler progressiver Menschen in Frankreich und in anderen Ländern mit diesem französischen Offizier.
Der von den Nazis geplante Volkspark wurde nie errichtet. Nach dem Krieg wurde das Areal des ehemaligen Friedhofs in die Kleingartenanlage Johannistal eingegliedert. Einige Zeugen aus der Friedhofszeit sind heute noch vorhanden: ein kleines Gebäude, Teile der Mauer und Reste eines Tors.
Überlegungen, mit einem Gedenkstein an den ersten Israelitischen Friedhof Leipzigs zu erinnern, wurden bis heute noch nicht in die Tat umgesetzt.

Einige der Grabsteine vom Friedhof an der Stephanstaße, die vor dessen Zerstörung noch gerettet werden konnten

Alter Israelitischer Friedhof

Berliner Straße 123

Bereits Mitte des 19. Jahrhunderts war abzusehen, dass die Anlage an der Stephanstraße nicht ausreichen würde. Die Gemeinde bemühte sich deshalb um weiteres Gelände und konnte dieses vom Gutsbesitzer Hennig in Eutritzsch erwerben. Am 2. März 1864 wurde der Friedhof mit der Beerdigung von Ephraim Friedemann aus Russland eingeweiht.

Die Anlage an der Berliner Straße ist in fünf Abteilungen gegliedert. Eine hohe Mauer grenzt sie vom Nordfriedhof ab. Neben Einzelgräbern gibt es eine Reihe stattlicher Erbbegräbnisse aus der Zeit der Wende vom 19. zum 20. Jahrhundert. Zu den bedeutenden Persönlichkeiten, die hier begraben sind, zählt zum Beispiel Professor Dr. h. c. Salomon Jadassohn (1831–1902). Er lehrte ab 1871 am Leipziger Konservatorium Theorie, Komposition sowie Instrumentation und schuf über hundert Werke. Seine Lehrbücher waren seinerzeit gefragt und wurden in viele Sprachen übersetzt. Die Leipziger Universität verlieh ihm den Ehrendoktor. Jadassohn leitete 35 Jahre den Synagogenchor. Sein Grab befindet sich in der 3. Abteilung, 7. Reihe von hinten.

In einem Erbbegräbnis der 2. Abteilung, links am Hauptweg, liegt eine besonders verdienstvolle Leipzigerin begraben: Henriette Goldschmidt (1825–1920). Sie gründete 1865 mit Louise Otto-Peters und Auguste Schmidt den Allgemeinen Deutschen Frauenverein. Henriette Goldschmidt bekannte sich zu den Erziehungsgrundsätzen von Friedrich Fröbel. Auf ihre Anregung wurde 1871 der Verein für Familien- und Volkserziehung und 1872 das Seminar für Kindergärtnerinnen gegründet. Ziel war, den Frauen neben ihrer Aufgabe in der Familie einen neuen Wirkungskreis in der Gesellschaft zu ermöglichen. Durch eine großzügige Stiftung des Musikverlegers und Inhabers des weltberühmten Musikverlags Edition Peters, Henri Hinrichsen, der 1942 im KZ Auschwitz ermordet wurde, gelang ihr im Jahre 1911 die Gründung einer Hochschule für Frauen.

Die ehemalige Königstraße im Stadtzentrum erhielt 1947 den Namen Henriette Goldschmidts. In dem Gebäude der von ihr gegründeten Frauenhochschule befindet sich heute die Fachschule für Sozialpädagogik „Henriette Goldschmidt". Die bedeutende Frauenrechtlerin und Pädagogin kam 1859 mit ihrem Mann, dem Rabbiner Abraham Meyer Goldschmidt (1812–1889), nach Leipzig. Über ihren beiden Gräbern ist eine Tafel angebracht: „Dem Andenken des nach dreißigjähriger segensreicher Wirksamkeit am 5. Februar 1889 entschlafenen Rabbiners und Predigers Dr. A. M. Goldschmidt in Dankbarkeit und Verehrung – die Israelitische Religionsgemeinschaft zu Leipzig".

In der 3. Abteilung rechts, Reihe 23, ist der Geheime Hofrat Professor Dr. phil. Abraham Adler (1850–1922) beerdigt. Er gehörte 1898 zu den Mitbegründern der ersten deutschen Handelshochschule in Leipzig. Seit 1911 stand er der Bildungseinrichtung als Studiendirektor vor. Seine Lehrbücher waren für Tausende Studentinnen und Studenten unentbehrlich. Bis an sein Lebensende wirkte er als Vorsteher der Israelitischen Religionsgemeinde.

Unweit seiner Ruhestätte, in der gleichen Abteilung, in einer Wandgrabstelle rechts, finden wir die Begräbnisstätte der Familie Jacob Deuel. Hier fand auch Dr. med. Pascal Vita Deuel, Chefarzt der Inneren Abteilung des Israelitischen Krankenhauses zu Leipzig (Eitingon-Stiftung), neben seinem Vater und seinem Bruder 1932 seine letzte Ruhe. Er war übrigens ein Schwiegersohn von Professor Dr. Abraham Adler.

Besonders sehenswert ist in der Mitte der letzten Abteilung, rechts am Hauptweg, das Ehrenmal für die Gefallenen des Ersten Weltkriegs. Es wurde auf Initiative des Bundes jüdischer Frontsoldaten errichtet. Der Architekt Wilhelm Haller entwarf die Anlage im Art-déco-Stil. Über einem breiten Sockel erhebt sich ein pyramidenförmiger Aufbau. In stark ornamentierter Schrift sind die Namen von 120 Gefallenen verzeichnet. Das Denkmal trägt die Inschrift „Ihren für das Vaterland dahingegangenen Söhnen – die dankbare Israelitische Religionsgemeinde".

Letzte Ruhestätte der Familie Kroch auf dem Friedhof an der Berliner Straße (II. Abteilung)

Von Wilhelm Haller geschaffene Gedenkanlage für die im Ersten Weltkrieg gefallenen Gemeindemitglieder

In der 3. Abteilung links, Reihe 16, befindet sich das Grab des Schriftstellers und Philosophen Dr. Moritz Brasch (1843–1895), der unter anderem 1894 das Buch „Leipziger Philosophen“ verfasste. Ein anderes Werk widmete er dem Philanthropen Alfons Jacobsohn, der das nach ihm benannte Kindererholungsheim der Israelitischen Religionsgemeinde in Bad Dürrenberg stiftete. Das Heim konnte noch bis August 1938 Kinder zur Erholung aufnehmen, dann musste es geschlossen. werden. Das Gebäude dient heute als Wohnhaus. Jacobsohn wurde in der 2. Abteilung rechts im Erbbegräbnis Löwenstein – Jacobsohn – Nachod bestattet.
An der Wegreihe vor der Wand zum Nordfriedhof, noch in der IV. Abteilung, wird allein schon durch das Todesdatum ein inzwischen von Efeu fast überwachsener, liegender Grabstein zum Mahnmal: Der Hals-, Nasen- und Ohrenarzt Dr. med. Felix Cohn wurde am 10. November 1938 am frühen Morgen in seiner Praxis in der Frankfurter Straße 6 (heute Jahnallee 36) während des Novemberpogroms durch Schüsse von der Gestapo so schwer verletzt, dass er wenige Stunden später im Polizeigefängnis Leipzig verstarb.

Ruhestätte der Familie Ariowitsch

Grabsteinsymbolik auf dem Israelitischen Friedhof Berliner Straße

Auch auf dem Friedhof kam es in der Pogromnacht und der nachfolgenden Zeit zu Verwüstungen. Die 1864 errichtete Feierhalle blieb jedoch verschont. Sie wurde vermutlich bei dem großen Bombenangriff auf Leipzig am 4. Dezember 1943 zerstört. Aufgeschichtete Steine und Reste von Grabplatten zeugen noch vom Grundriss des Gebäudes. Bis zur Schändung des Friedhofs im Dezember 1992 durch Neonazis stand auf dieser Fläche eine Plastik des Leipziger Arztes und Bildhauers Dr. med. Raphael Chamizer. Die gebeugte Frauengestalt im Stil des Art déco, vom Künstler „Trauer“ genannt, war die erste Großfigur, die er schuf. Sie entstand in den 1920-er Jahren in seinem Atelier in der Bismarckstraße 22 (heute Ferdinand-Lassalle-Straße). Sie überstand die Nazizeit bei dem Steinmetzmeister Alfred Fränzel in der Johannisallee Ecke Ostplatz. Fränzel bewahrte das Kunstwerk damit vor der sicheren Zerstörung. Nach 1992 fand diese beeindruckende Skulptur einen neuen Platz in der Feierhalle auf dem Neuen Israelitischen Friedhof an der Delitzscher Straße. Eine Besonderheit stellt in der 5. Abteilung ein kleines Feld mit

Diese Ruhestätten gehören zu den ältesten auf dem Israelitischen Friedhof Berliner Straße

sogenannten KZ-Gräbern dar. Noch bis 1942 gelangten aus den Konzentrationslagern per Post (!) Urnen mit der Asche der Opfer nach Leipzig.

Der Zustand der Grabsteine auf dem Alten Israelitischen Friedhof ist sehr unterschiedlich. Neben gut erhaltenen gibt es auch viele, auf denen die Inschriften nicht mehr zu erkennen sind. Eine ganze Anzahl Grabsteine fehlt völlig. Diese Gräber sind mit kleinen, glattgeschliffenen und abgeschrägten Steinen (in der Größe Grenzsteinen ähnlich) gekennzeichnet, auf denen ein Davidstern zu sehen ist. Verluste gab es auch durch Bombenangriffe auf das nahegelegene Eisenbahngelände.

In der 1979 erschienenen Erzählung „Flüge" von Christa Müller ist im Zusammenhang mit dem Alten Israelitischen Friedhof an der Berliner Straße zu lesen:

„Zu Elsas, meiner Mutter, Geburtstag war ein Grabstein durchs Dach in den Korridor gefallen. Als wir aus dem Keller kamen, bedeckten Glasscherben und Gardinen übers Tischtuch verteilte Klöße. Das war komisch. Seltsam aber war der Grabstein auf dem Korridor neben der Schlafzimmertür, und oben klaffte blauer Himmel durch gesplittertes Holz und zerfetzte Teerpappe. Er war aus schwarzem polierten Granit und trug einen Davidstern und goldenes Hebräisch, das ich nicht lesen konnte. Ein Stein, aus der Erde gehoben, durch die Luft geflogen, durch unser Dach gefallen. Ich dachte an einen grauen Morgen, als Klagen vom Friedhof in die Stille unserer Wohnung drangen und meine Mutter totenblaß war. Ich hatte mich zum Fenster geschlichen. Wenn ich mich auf die Zehenspitzen stellte, reichte ich mit der Nase bis zum Fensterbrett. Ich sah Gestalten in dunklen Mänteln sich vor einem der Gräber immer und immer wieder verbeugen und hörte sie dabei hohe, schmerzliche Töne ausstoßen. Sie hatten auf den Sims des Grabsteins Gefäße gestellt und nahmen von Zeit zu Zeit etwas daraus und streuten es über das Grab. Meine Mutter holte mich vom Fenster. Setzte sich mit mir in die entfernteste Ecke des Zimmers. Mein Vater stand hilflos vor uns, schob die Hände in die Ärmel des Schlafanzuges und nahm sie wieder heraus. Mein Gott, flüsterte Elsa, steh ihnen bei!
Es geschah nichts weiter an diesem Morgen.
Sie waren bald still.
Was hätte geschehen können? Was wurde mir verborgen?
Vierjährig. Neunzehnhundertvierzig.
Elsa wartete. Mein Vater nahm sie in die Arme. Sie weinte.
Als der Stein in unserem Korridor lag vier Jahre später, weinte sie nicht.
Die anderen waren betroffen und geneigt, ihn als Zeichen zu nehmen. Sie ließ den Stein samt dem Schutt durchs Fenster auf den Friedhof zurückfallen.
Nichts war ihr anzusehen, außer dass es schwere Arbeit war. Er versank in einer Wildnis aus Goldrute und Efeu.“

Neuer Israelitischer Friedhof

Delitzscher Straße 224

Am Anfang des 20. Jahrhunderts war wiederum abzusehen, dass der Friedhof an der Berliner Straße nicht mehr ausreichte. Im Jahre 1901 erwarb deshalb die Gemeinde ein Gelände in unmittelbarer Nähe des Krankenhauses St. Georg. Der Gartenarchitekt Otto Moosdorf entwickelte einen Plan für den neuen Friedhof und begann 1925 mit den Pflanzungen. Die Bauten entwarf Wilhelm Haller (1884–1956). 1927 wurde der Grundstein für die Feierhalle gelegt. In Fachkreisen erntete Haller große Anerkennung. Aufsehen erregte vor allem die über 18 Meter frei gespannte, 21,5 Meter hohe Betonkuppel. Sie entstand in einem seinerzeit völlig neuen Spritzverfahren. Die Bauten stellten ein Meisterwerk funktioneller Architektur der zwanziger Jahre dar. Die aufsehenerregende Innengestaltung war im Stil des Art déco gehalten. Im Mai 1928 erfolgte die Einweihung des Friedhofs.
Während des Novemberpogroms im Jahre 1938 wurden Grabsteine umgestürzt und die Feierhalle in Brand gesteckt. Obwohl

Die von Wilhelm Haller im Stil des Art déco geschaffene Feierhalle des Neuen Israelitischen Friedhofs Delitzscher Straße wurde 1938 zerstört. links: Innenansicht der Haupthalle

Die am 9. November 1955 geweihte neue Feierhalle des Neuen Israelitischen Friedhofs

die Kuppel erhalten blieb, forderte die nazistische Stadtverwaltung den Abriss der gesamten Anlage. Somit standen die Friedhofsbauten lediglich 10 Jahre.

Am 8. Mai 1951 wurde an jener Stelle, wo sich die Halle befunden hatte, ein Mahnmal eingeweiht, das sich heute am östlichen Ende des Friedhofs befindet. An der Frontseite des sarkophagähnlichen Sandsteinblocks steht unter einem Davidstern in Hebräisch und Deutsch „Höret doch ihr Völker und sehet meinen Schmerz". Der Entwurf für das Mahnmal stammt von Hanns Degelmann. Es wurde 1953 in den hinteren Teil des Friedhofs versetzt, weil Ende jenes Jahres die Arbeiten für eine neue Feierhalle begannen. Dieser Bau entstand nach Plänen des Architekten Walter Beyer und wurde am 9. November 1955 eingeweiht. Über dem Eingang steht: „Stärker als der Tod ist die Liebe". Eine gleichlautende Inschrift war in hebräischer und deutscher Sprache auch an der von den Nazis zerstörten Feierhalle zu lesen.

Im hinteren Teil des Friedhofs stehen auf einem abgegrenzten Platz siebzehn kulturhistorisch wertvolle Grabsteine vom ersten Judenfriedhof an der Stephanstraße. In den kleinen Rundbögen am oberen Ende der Steine sind reliefartige Darstellungen zu sehen, so etwa die segnenden Hände als Symbol eines Kohen, ein flammendes Herz, ein in der Blüte abgebrochener Baum oder eine Kanne.

Die Frontseite der Steine ist hebräisch beschriftet, Reste deutschsprachiger Inschriften sind bei wenigen Grabsteinen auf der Rückseite erkennbar. Unter der kiesbestreuten Fläche des Platzes liegen die sterblichen Reste der nachweislich 334 Bestatteten vom ersten jüdischen Friedhof im Johannistal.

1993 setzten Verehrer dem nunmehr hier bestatteten, bereits erwähnten chassidischen Rabbi Schalom Joseph Friedmann einen Grabstein. Der Theologe Dr. Timotheus Arndt übersetzte die hebräische Inschrift: „Hier ist begraben der Rebbe – unser Herr, unser Lehrer, unser Meister –, der heilige Meister Schalom Joseph,

Vielfältige Grabsteinkultur auf dem Neuen Israelitischen Friedhof

Andenken des Gerechten und Heiligen zum Segen, der erstgeborene Sohn unseres Herrn, unseres Lehrers, unseres Meisters, des Gerechten der Grundlagen der Welt, des heiligen Meisters, Meister Israel aus Ruszyn. Aufgestiegen zum Haus seiner Seligkeit am 11. Elul 5611, begraben auf dem Alten Friedhof und im Jahre 5698 wurde sein heiliger Körper auf diesen Friedhof überführt. Zeuge ist diese Stele für 330 im Staube Wohnende, die gemeinsam zu diesem Ort überführt wurden. Ihre Seele sei eingebunden in das Bündel des Lebens". So gibt es für den 1852 verstorbenen chassidischen Rabbi wieder einen Grabstein, zu dem die Anhänger und Verehrer – wie damals auf dem ersten Friedhof an der Sternwarte – pilgern können, um zu beten, ihre Wünsche auf einen Zettel zu schreiben und in eines der links und rechts des Steins befindlichen Blechkästchen zu stecken.

 Letzte Ruhestätte des Rabbiners Dr. Felix Goldmann

Das Grabmal der Familie Chaim Eitingon

Von den Persönlichkeiten, die auf dem Friedhof ruhen, sei der überaus beliebte Rabbiner Dr. Felix Goldmann (1882–1934) genannt. Betritt der Besucher das Gelände, so führt ihn sein Weg geradewegs zu dessen Grab.

Von 1917 bis 1934 versah Goldmann das Rabbinat in der Gemeindesynagoge. Er galt als ein bedeutender Prediger und verfasste eine Reihe von judaistischen Arbeiten, so zum Beispiel über das talmudische Recht. Goldmann gehörte zu den Verfechtern der liberalen Bewegung des Judentums und war einer der führenden Kräfte des Zentralvereins deutscher Staatsbürger jüdischen Glaubens. Dieser 1893 gegründete Verein sah seine Aufgabe insbesondere in der Wahrung der staatsbürgerlichen und gesellschaftlichen Gleichstellung der deutschen Juden. Die Inschrift auf Goldmanns Grabstein lautet: „Unvergessen als Künder und Wahrer des Judentums, Vorbild und Hort der Gemeinde, Freund und Helfer der Menschheit". Sein Grabstein konnte mit Hilfe von Spenden im Jahre 2012 restauriert werden.

Auch die letzte Ruhestätte des großen Wohltäters Leipzigs, Chaim Eitingon (1857–1932), befindet sich auf dem Neuen Israelitischen

Friedhof. Am Mittelweg ist es das 14. Grab an der rechten Seite. Eitingon initiierte und stiftete mit seiner Familie nicht nur das Israelitische Krankenhaus, sondern auch die Ez-Chaim-Synagoge. Am Beginn des linken Hauptwegs liegt Barnet Licht (1872–1951). Er war Professor für Musik und einer der bekanntesten Arbeiterchordirigenten. Im Rahmen des Allgemeinen Arbeiter-Bildungs-Instituts setzte Licht sein Können ein, gründete ein Arbeiterkammerorchester und leitete über vierzig Jahre die berühmten Lichtschen Chöre. 1924 übernahm er den Synagogenchor. Barnet Licht kehrte im Juli 1945 aus dem KZ Theresienstadt zurück. Am 1. Mai 1946 dirigierte er das legendäre Chorkonzert mehrerer Leipziger Chöre auf dem heutigen Augustusplatz. Die Stadt benannte bereits 1947 einen Platz in Leipzig-Stötteritz nach ihm.

Ebenfalls in dieser Gräberreihe ist Werner Sander (1902–1972) beerdigt. Er war langjähriger Leipziger Oberkantor und gründete 1962 den Leipziger Synagogalchor, der 2012 sein 50-jähriges Bestehen feiern konnte. Dieser Chor widmet sich der Wahrung und Pflege synagogaler Musik sowie jiddischer und hebräischer Folklore. Am linken Hauptweg des Friedhofs befindet sich in der rechten Gräberreihe die Ruhestätte des früheren Vorsitzenden Eugen Gollomb (1917 bis 1988). Er stand der Gemeinde über zwanzig Jahre vor.

Die Skulptur „Trauer“ von Raphael Chamizer befand sich bis 2013 in der Feierhalle des Neuen Israelitischen Friedhofs.

Aron Adlerstein fand seine letzte Ruhe im Familiengrab an der Ostseite des Hauptwegs. Er führte die Gemeinde ab 1988 bis zu seinem Tod im März 2000. Nach der bereits erwähnten Schändung des Alten Israeliti-

Die Ruhestätte von Eugen Gollomb

schen Friedhofs Anfang der 1990-er Jahre wurde die von Dr. med. Raphael Chamizer geschaffene Skulptur „Trauer“, die damals einzige in Leipzig noch vorhandene bildhauerische Arbeit Chamizers, 1992 in der Feierhalle auf dem Neuen Israelitischen Friedhof aufgestellt. Sie hatte dort für viele Jahre einen würdigen Platz gefunden. Nachdem ein Enkel von Dr. Chamizer Anspruch angemeldet hatte, befindet sich die Statue seit 2013 nunmehr in Bielefeld.
Am Wegrand des Ostteils steht ein schlichter, schwarzer Gedenkstein mit einem Davidstern und versehen mit einem kurzen Text in Hebräisch und Deutsch:

Hier ruhen Thorarollen
1938 in der Universitätsbibliothek versteckt
1998 bei Restaurierungsarbeiten geborgen
1999 im Juni hier beerdigt

Am 23. Juni 1999 fand dazu eine beeindruckende Zeremonie mit dem Landesrabbiner Dr. Almekias-Siegl statt. Sie galt jenen Thorarollen, die im Februar 1998 bei der Rekonstruktion im Bereich des damaligen Großen Lesesaals der Universitätsbibliothek Leipzig

Mahnmal für die Opfer des Naziregimes

gefunden wurden. Leider konnte ihre Herkunft bis heute nicht geklärt werden. Sie wurden aber offensichtlich in der Zeit des Novemberpogroms dort eingemauert.

Links vom Eingang, nahe der Friedhofsmauer, die noch aus den zwanziger Jahren erhalten ist, befinden sich Kindergräber. Eins trägt die Inschrift „Mila Beate Windweher / gestorben in der Illegalität". Einige Grabsteine tragen zusätzliche Tafeln, die an ermordete Verwandte erinnern, so zum Beispiel: „Zum ewigen Gedenken als Opfer des Faschismus in Auschwitz umgekommen, 1943, Betty Freier, geb. Kauber, 34 Jahre, Heinz Freier, 7 Jahre".

Links hinter dem erwähnten Mahnmal befinden sich zwei gesonderte Grabreihen, in denen Urnen aus Konzentrationslagern bestattet wurden. Auf der gegenüberliegenden Seite steht an der Friedhofsmauer ein Grabstein mit der Aufschrift:

„Anna Fischmann, geb. 1898, gest. 27. 4. 45 in Döbeln.

Sie wurde auf dem Todesmarsch jüdischer Menschen von Leipzig nach Döbeln ermordet."

Neue Grabsteine, deren Inschriften in Russisch, Deutsch oder oft auch noch in Hebräisch gehalten sind, sieht der Besucher an der Ostseite des Friedhofs.
Die dreiteilige Friedhofsanlage hat 1500 Grabstellen. Bemerkenswert sind der reichhaltige Baumbestand und eine Vielzahl künstlerisch wertvoller, in der Gestaltung deutlich vom Bauhaus und Art déco beeinflusster Grabsteine. Sie stammen vermutlich aus der Werkstatt des Leipziger Steinmetzen Bruno Weiske.

Grabstein für Anna Fischmann mit Hinweis auf ihr tragisches Schicksal

Gedenkstein und Gedenkstätte für die Gemeindesynagoge

Gottschedstraße

Der Bau der Gemeindesynagoge Gottschedstraße zeugte von den bedeutenden Veränderungen, die sich für die Menschen in der ersten Hälfte des 19. Jahrhunderts vollzogen hatten. Hermann Samson, erster Vorsitzender der Leipziger Religionsgemeinde, bat den Rat am 5. Juni 1851 um Überlassung eines Platzes „von 3500 bis 4500 Quadrat-Ellen“ für den Bau einer Synagoge. 1853 beschloss die Gemeinde den Ankauf des Grundstücks an der Zentralstraße. Sie beauftragte Otto Simonson (1829–?), einen Schüler von Gottfried Semper (1803–1879), mit dem Entwurf für die große Leipziger Synagoge. Die unregelmäßige Grundform des Bauplatzes stellte den Architekten vor eine besondere Schwierig-

Der 1966 geweihte Gedenkstein am Standort der einstigen Gemeindesynagoge. Links: Die 2001 geweihte Gedenkstätte an diesem Standort

keit. Simonson löste die Aufgabe, indem er dem Gotteshaus den Grundriss eines Trapezes gab. Den Synagogenraum entwarf er in Form einer Emporenbasilika im maurischen Stil. Das überhöhte Mittelschiff wurde durch je drei Arkaden mit Hufeisenbögen von den Seitenschiffen getrennt. Die Längsachse verlief von West nach Ost zum Thoraschrein. Der Schrein, der 15 Thorarollen enthielt, befand sich – abgesondert vom Schiff – in einem Rundbau mit Oberlicht.

Die Grundsteinlegung fand am 9. September 1854 statt. Zwar gab es in jenem Jahr nur 81 eingeschriebene Mitglieder, aber diese Zahl war nicht identisch mit den in Leipzig ansässigen Juden, stieg zudem rasch an und wurde 1875 bereits mit 2500 beziffert. Außerdem planten die Leipziger Juden beim Synagogenbau auch die vielen Messebesucher ein. All das erklärt die Großzügigkeit, denn die Synagoge faßte 1600 Besucher!

Am 10. September 1855 erfolgte die Weihe durch Rabbiner Dr. Adolf Jellinek (1820–1893). Bei den Feierlichkeiten wirkten sogar Thomaner mit, protestantische Geistliche allerdings fehlten.

Die Erben des ersten Gemeindevorstehers Hermann Samson stifteten im Jahre 1865 eine Orgel, deren Einweihung am 29. März 1868 vollzogen wurde. Die Orgel war ein Beleg für die liberale Haltung der Gemeinde, da sie in einer orthodoxen Synagoge undenkbar gewesen wäre. Umgangssprachlich hieß die große Gemeindesynagoge bei den jüdischen Familien Leipzigs nur „der Tempel".

Bereits im Jahre 1925 geriet das Bauwerk in Gefahr. Eine Leipziger Zeitung berichtete in jenen Tagen: „Die Leipziger Polizei hat einen Plan aufgedeckt, der an Schändlichkeit und unsinnigem Haß wohl nicht mehr zu überbieten ist: Mitglieder einer der Hitlerbewegung nahestehenden Organisation hatten alle Vorbereitungen getroffen, um die Leipziger Hauptsynagoge in die Luft zu sprengen."

Die Mitglieder eines antisemitisch ausgerichteten Vereins, des sogenannten Frontbanns, hatten für die Nacht zum Reichskriegertag den Sprengstoffanschlag vorgesehen. Damals erhielten die Akteure dafür noch Zuchthausstrafen.

Innenansicht der Gemeindesynagoge, zeitgenössischer Stich aus dem Pfennig-Magazin von 1855

In der Nacht vom 9. zum 10. November 1938 wurde die Synagoge von den Nazis in Brand gesteckt. Wie überall, schützte die Feuerwehr lediglich die angrenzenden Gebäude. Die Religionsgemeinde musste noch die Kosten für den Abriss tragen.

Am 10. November 1966 wurde am Standort der einstigen Synagoge ein Gedenkstein eingeweiht, den Hans-Joachim Förster im Auftrag der Stadtverwaltung gestaltet hatte. An der Vorderseite steht: „Gedenkt / Hier wurde am 9. November 1938 die Große Synagoge der Israelitischen Religionsgemeinde durch Brandstiftung faschistischer Horden zerstört. Vergeßt es nicht!"
Seit 1992 gibt es in Mockau eine Samuel-Lampel-Straße. Lampel war seit 1914 Oberkantor in der Gemeindesynagoge Gottschedstraße, nach 1938 Lehrer an der Höheren Israelitischen Schule

Erstes nachweisbares Foto von der Synagoge, aufgenommen 1860 von Bertha Wehnert-Beckmann

Brennende Synagoge am 10. November 1938 nach der Pogromnacht

und der letzte Gemeinde-Rabbiner in der Brodyer Synagoge in der Keilstraße. Mit der Straßenbenennung ehrte die Stadt den Leipziger Musikschriftsteller und Oberkantor, der im Juli 1942 nach Auschwitz deportiert und ermordet wurde.

Am 24. Juni 2001 fand an der Stelle der früheren Synagoge erneut eine Weihe statt. Nachdem die Leipziger Stadtverordneten bereits 1994 beschlossen hatten, endlich eine würdige Gedenkstätte am Standort der größten Synagoge der Leipziger Gemeinde zu errichten, konnte sieben Jahre später eine durch ihre Aussagekraft ergreifende Stätte der Erinnerung eingeweiht werden. Dem Grundriss der bis 1938 dort befindlichen Synagoge nachempfunden, zwingen die 140 Bronzestühle auf dem Areal des einstigen Mittelschiffs gleichsam zum Innehalten, zum Hinsehen, Nachdenken, Fragen… Eine die Gedenkstätte begrenzende Bronzewand mit Informationen in Deutsch, Hebräisch und Englisch gibt erste Antworten. Entworfen haben diese Stätte der Erinnerung die Leipziger Architekten Anna Dilengite und Sebastian Helm.

Ritualien, bewahrt im Betsaal der Gemeindesynagoge in der Keilstraße

Ehemalige Brodyer Synagoge

(heute Gemeindesynagoge)
Keilstraße 4

In der zweiten Hälfte des 18. Jahrhunderts verstärkte sich der Osthandel in Leipzig. Um 1800 tätigten Händler aus Russland und Polen fast ein Drittel des Warenumsatzes während der Messen. Eine besonders große Rolle spielten hier wiederum die Kaufleute aus Brody. Ein Brodyer war es auch, der sich als einer der ersten Juden in der Stadt ansiedeln und außerhalb der Messen Pelzhandel treiben durfte. So erscheint es verständlich, dass mit dem Anwachsen der ostjüdischen Einwanderung am Ende des 19. Jahrhunderts der Wunsch nach einer eigenen Synagoge größer wurde. Nach einem Umbau in den Jahren 1903/04 entstand nach Plänen des Architekten Oscar Schade im Erdgeschoss und in der ersten Etage der Keilstraße 4 die Brodyer Synagoge.
Da sich hier auch die Mitglieder des orthodoxen Talmud-Thora-Vereins trafen, taucht bei Adressangaben auch der Name Talmud-Thora-Synagoge auf. Dr. Ephraim Carlebach (1879–1936), seit den zwanziger Jahren orthodoxer Gemeinderabbiner in Leipzig, predigte hier oft.
Die ostjüdischen Einwanderer begründeten zudem entsprechend ihrer Herkunft eine Reihe kleinerer Betstuben in Leipzig, so zum Beispiel die Jassyer, Krakauer oder Lemberger.
In dem Gebäude der Brodyer Synagoge befand sich im zweiten Stockwerk auch eine jüdische Lesehalle und Bibliothek.
Während des Novemberpogroms im Jahre 1938 wagten die Nazis nicht, dieses Bethaus anzuzünden, da der Brand die angrenzenden und darüberliegenden Wohnungen, in denen ja auch „arische" Bewohner lebten, gefährdet hätte. Sie verwüsteten allerdings den Innenraum und zerstörten die farbigen Bleiglasfenster. Die links und rechts an die Wohnungen angrenzenden Fenster blieben teilweise erhalten. Der Gemeinde wurde von der nazistischen Stadtverwaltung befohlen, das Bethaus für die Frühjahrsmesse 1939

מציון תצא תורה ודבר ה׳ מירושלים
Gewidmet der Synagoge Keilstr.
Zur Erinnerung an den Freund

Elisabeth Lukas

LEBENSSTIL UND WOHLBEFINDEN

Seelisch gesund bleiben – Anregungen aus der Logotherapie

136 Seiten, 19 x 12,5 cm

3., erweiterte Neuauflage

ISBN 978-3-89019-685-5

Um fünf neue Kapitel erweiterte Auflage!

Die bekannte Logotherapeutin Elisabeth Lukas spürt hier den "Einzelzellen" des Lebensstils, den sog. "Habits" nach. Ihre Bedeutung für das seelische und körperliche Gesundbleiben bzw. Gesundwerden ist nicht zu überschätzen. Besonders bei psychosomatischen Krankheitsprozessen haben sinnwidrige Habits häufig die fatale Funktion von Auslösern wiederkehrender Krankheitsschübe. Können sie durch sinnvollere Habits ausgetauscht werden, steigt die Lebensqualität wesentlich an, und Wohlbefinden stellt sich ein.

Heilkunst und Lebenskunst in der Logotherapie • Band 2

Bernd-Lutz Lange · Andrea Lorz
JÜDISCHE SPUREN IN LEIPZIG

Blick von der Empore in den Betsaal der Gemeindesynagoge in der Keilstraße 4

Religiöse Zeremonie im Betsaal der Gemeindesynagoge Keilstraße

wiederherzustellen. Zu dieser Zeit sollte vermutlich den Besuchern aus aller Welt noch religiöse Toleranz vorgetäuscht werden. Später missbrauchten die Nazis die Synagoge als Seifenlager.
Am 28. Oktober 1945 erfolgte die Wiedereinweihung des Bethauses. Zu den Überlebenden und Geretteten sprachen der Gemeindevorsitzende Richard Frank (1870–1960) und Dr. Fritz Grunsfeld (1908–1991). Unter der Leitung von Barnet Licht sang ein Synagogenchor. Die ehemalige Brodyer Synagoge wurde für die Israelitische Religionsgemeinde zu Leipzig die neue Heimstatt.
Die Innenarchitektur benutzt orientalische Stilelemente. An drei Seiten läuft eine Empore um, auf der früher die Frauen Platz nahmen. An der östlichen Seite des Bethauses befindet sich der Thoraschrein. Darin werden vier Thorarollen aus dem 18. und 19. Jahrhundert aufbewahrt. Ihre Herkunft ist nicht bekannt. Vermutlich gelangten sie nach Ende der Naziherrschaft aus einem

Fundus geretteter Thorarollen in den Besitz der Leipziger Gemeinde. Die Schriftrollen besitzen Kronen mit Glöckchen. Die Schilder, die den Rollen umgehängt sind, zeichnen sich durch reiche Silbertreibarbeit aus und zeigen zumeist reliefartig die Gesetzestafeln.

Am 22. Mai 1993 fand eine erneute Weihe der Synagoge statt. Der Raum strahlte in prächtiger originalgetreuer Ausmalung, alle Bleiglasfenster wurden rekonstruiert. Durch entsprechende Umbauarbeiten wurde die Platzkapazität der Synagoge erweitert. Der damalige Landesrabbiner Henry G. Brandt hielt den Festvortrag. Zum ersten Mal seit Jahrzehnten saßen wieder Frauen auf der Empore, da die Plätze im Raum nicht reichten.

Inzwischen finden wieder wöchentlich und zu allen Fest- und Feiertagen Gottesdienste entsprechend dem vorgeschriebenen Ritus statt.

Thorarolle aus der Synagoge Keilstraße

Blick auf die ehemalige
Beth-Jehuda-Synagoge
im Hintergebäude
Färberstraße 11

Ehemalige Beth-Jehuda-Synagoge

Färberstraße 11

Louise Ariowitsch (1856–1939), die Witwe des bekannten Leipziger Pelzhändlers Julius Ariowitsch (1857–1908), kaufte 1915 das Grundstück Färberstraße 11. Während sie mit ihrer Familie im Vorderhaus wohnte, wurde das Hinterhaus (11 a) für religiöse Zwecke umgebaut. Es gab Vereinszimmer zur Pflege jüdischen Wissens sowie Geschäfts- und Unterrichtsräume des Jugendrates. Auch der Jüdische gesetzestreue Verband versammelte sich dort.
1921 erfolgte die Erweiterung eines Raums zur Synagoge Beth Jehuda, umgangssprachlich aber häufig die Ariowitsch-Synagoge oder Ariowitsch-Schul genannt.
Am 10. November 1938 verwüsteten die Nazis die Räumlichkeiten. Seit dem Februar 1939 wurde die Synagoge kaum noch genutzt und musste deshalb geschlossen werden. Die Synagogenmitglieder waren zum größten Teil ausgewandert. Im selben Jahr wurde im Vorderhaus ein jüdisches Altersheim eingerichtet. Von 1940 bis 1943 diente das ehemalige Gotteshaus als jüdisches Obdachlosen- bzw. Pflegeheim. Danach missbrauchten die Nazis beide Gebäude als „Judenhäuser". Dass hier strenggläubige Juden wohnten, davon zeugen noch heute im Hausflur die Fußboden-Fliesen mit dem Davidstern-Motiv.
Die erste Sederfeier der Nachkriegsgemeinde fand 1946 in der ehemaligen Beth-Jehuda-Synagoge statt. Zu DDR-Zeiten befand sich im Synagogenraum eine Produktionsstätte des VEB Bettwaren. An einer Stelle der Decke war sogar noch ein Rest der alten Ausmalung zu sehen – ein verblichener Davidstern.
Bei einer Besichtigung des Hofgebäudes entdeckte im Juli 1993 der damalige Vorsitzende der Israelitischen Religionsgemeinde, Aron Adlerstein, in einem Anbau Reste der ehemaligen Mikwe, des rituellen Tauchbads. Im Zusammenhang mit der Rekonstruktion des Vorderhauses sowie des Gebäudes der ehemaligen Beth-Jehuda-Synagoge verloren sich auch diese letzten Spuren.

Schlosserei

Ez-Chaim-Synagoge

Apels Garten 4/Otto-Schill-Straße 6–8

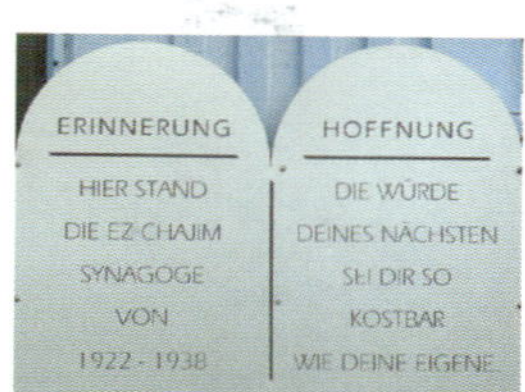

Gedenkplatte zur Erinnerung

Dieser von Chaim Eitingon gestiftete Sakralbau entstand 1921/22 durch den Umbau einer Turnhalle. Die Entwürfe dazu lieferte der Leipziger Architekt Gustav Pflaume. Im September 1922 erfolgte die Einweihung des Versammlungs- und Bethauses. 1924 übernahm der Rabbiner Ephraim Carlebach dort das orthodoxe Rabbinat. 1938 fiel die Synagoge ebenfalls dem Novemberpogrom zum Opfer. Auf dem Grundstück befinden sich heute ein derzeit ungenutztes Gewerbegebäude und ein Garagenkomplex. An dessen Wand erinnert eine jüdischen Gesetzestafeln nachempfundene kleine Gedenkplatte an die Synagoge. Am Zugang zum Gelände hängt in einem Schaukasten ein Foto der früheren Synagoge. Beides wurde vom Bürgerverein Kolonnadenviertel e.V. gestiftet. Eine würdige Gestaltung dieses Areals steht noch aus.

Die 1922 eingeweihte Ez-Chaim-Synagoge, Außen- und Innenansicht

Heutige Ansicht der Leibnizstraße 24

Ehemaliges Wohn- und Bethaus des Rabbiners Israel Friedmann

Leibnizstraße 24

(heute Wohnhaus)

Zu Anfang des 20. Jahrhunderts lebten in Leipzig dreißig bis vierzig chassidische Familien aus Boyan, einem kleinen Ort in der Nähe von Czernowitz, der damaligen Hauptstadt der Bukowina. Die Chassidim boten einem der Söhne des verstorbenen Rebben von Boyan an, die Nachfolge seines Vaters anzutreten. Rabbiner Israel Friedmann (1878–1951) stammte aus einem weitverzweigten und bekannten Chassidim-Geschlecht. Im Jahre 1919 kam er nach Leipzig und zog in das Haus Leibnizstraße 24, Ecke Auenstraße. Die Boyaner Chassidim sowie wohlhabende Familien aus Sadagora und Czortkow brachten die Mittel für Wohnung und Lebensunterhalt des Hauses Friedmann auf. Simson Jakob Kreutner schreibt in seinem Buch „Mein Leipzig“: „Betrat man das Tor, zeigten sich eine überdachte prunkvolle Treppe, die zum Hauseingang führte, Speicher, Ställe und ein Garten in seiner ganzen Pracht (...). Es war ein in jeder Hinsicht prunkvoller Hof. Die Wohnung des Rebbe war kostbar ausgestaltet. Die Gattin, die Rebbezin, hielt Köchinnen und Dienstmägde. Für Hof und Garten sorgten Hausmeister und Gärtner (...). Der linke Teil des unteren Stockwerkes diente zum Beten. Einige Zimmer wurden als Betstube der Gemeinde zusammengelegt; in einem anliegenden Zimmer betete der Rebbe allein.“

Der Rabbiner betreute die Gemeinschaft bis zum Jahre 1934, dann wanderte er mit seiner Familie nach Palästina aus. Israel Friedmann verstarb 1951 in Tel Aviv. Die Nachfolger der Gemeinschaft treffen sich heute im orthodoxen Jerusalemer Wohnviertel Mea Shearim in der Synagoge der Chassidim von Boyan und gedenken dort auch des Rabbi aus Leipzig.

Haus der Israelitischen Religionsgemeinde zu Leipzig

Löhrstraße 10

Das Gebäude aus dem Jahr 1897 hatte die Gemeinde 1920 gekauft. Doch bereits seit dem Jahr 1900 verzeichnete das Leipziger Adressbuch das Israelitische Gemeindeamt als Mieter der ersten Etage dieses Hauses. Seit dem Erwerb des Gebäudes diente es als Sitz der gesamten Verwaltung der Israelitischen Religionsgemeinde. In der Nazizeit war es ebenfalls „Judenhaus“. Vor seiner Deportation in das KZ Theresienstadt wohnte hier unter anderen Barnet Licht. Letzter Überlebender in Leipzig aus der „Judenhauszeit“ dieses Gebäudes ist Rolf Isaacsohn, der von 2000 bis 2004 auch Vorsitzender des Vorstands der Gemeinde war.

Nach der Befreiung konstituierte sich in der Löhrstraße 10 wieder ein neuer Gemeindevorstand.

Besonders erwähnenswert ist, dass die Kartei der ehemaligen Gemeindemitglieder erhalten blieb. Bei einem Teil der Karten finden sich Vermerke über das Datum der Deportation oder das Land der Einwanderung. Die Gemeinde verfügt zudem über zahlreiche wertvolle und oft einmalige Dokumente aus ihrer Geschichte sowie Unterlagen aus der Zeit der Verfolgung, zum Beispiel die Deportationslisten.

Die Gemeinde besitzt außerdem einige wenige historisch wertvolle Kultgegenstände, über deren Herkunft jedoch nichts bekannt ist. Verschiedene religiöse Bücher in Hebräisch könnten aus der ehemaligen Jüdischen Bibliothek in der Keilstraße stammen, da sie Bibliotheksnummern aufweisen.

Im Januar 1998 wurde erstmalig nach 1945 mit Salomon Almekias-Siegl ein Landesrabbiner für Sachsen berufen. Almekias-Siegl wurde 1946 in Marrakesch (Marokko) geboren, studierte in Israel, England und Deutschland und schloß sein Studium 1995 als Magister auf dem Gebiet der Judaistik und Religionsgeschichte ab. Der Landesrabbiner hatte in seiner Amtszeit drei Gemeinden –

Dresden, Chemnitz und Leipzig – zu betreuen. 2003 promovierte er mit einem Thema über Chassidismus zum Doktor der Philosophie. Im Jahre 2011 ging Dr. Almekias-Siegl in den Ruhestand. Seit 1. Januar 2012 hat die Leipziger Gemeinde einen eigenen Rabbiner: Zsolt Balla. Er ist gebürtiger Budapester, absolvierte 2009 das Rabbinerseminar in Heidelberg und gehört zu den ersten beiden orthodoxen Rabbinern, die in der Bundesrepublik ausgebildet und ordiniert wurden.

Die Einheitsgemeinde zelebriert Gottesdienste und jüdische Feste auf orthodoxe Weise. Überhaupt bestimmt wieder ein reges Gemeindeleben das Haus: In der Löhrstraße 10 haben inzwischen neben dem Gemeindebüro selbst verschiedene mit dem jüdischen Leben verbundene Institutionen und Einrichtungen ihren Sitz. So befinden sich in der zweiten Etage das Büro des Rabbinats sowie die Räumlichkeiten der Ephraim-Carlebach-Stiftung.

Eine Besonderheit stellt der Name der jüdischen Leipziger Gemeinde dar. Sie gehört zu den Gemeinden in Deutschland, die sich „Israelitische Religionsgemeinde“ nennen. Damit wahrt sie die Tradition jener Begründer aus der Mitte des 19. Jahrhunderts, die besonderen Wert darauf legten, als Abkommen der Israeliten zu gelten. Gleichzeitig erfüllt sie damit noch immer den Beschluss der königlich sächsischen Regierung, keine weitere Gemeindegründung in Leipzig zuzulassen.

Fröhliche Purim-Feiern in der Gemeinde

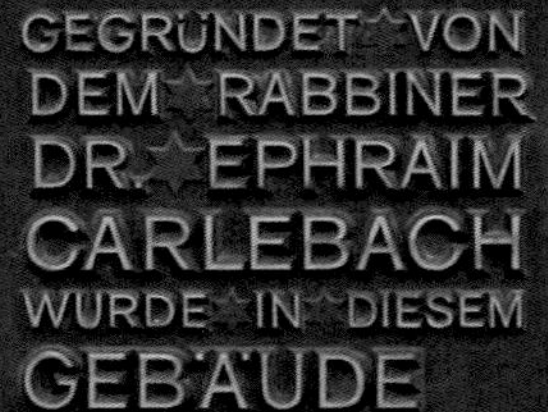
GEGRÜNDET VON
DEM RABBINER
DR. EPHRAIM
CARLEBACH
WURDE IN DIESEM
GEBÄUDE
IM JAHRE 1913
DIE
ISRAELITISCHE
SCHULE
ZU LEIPZIG
EINGEWEIHT

DAS FASCHISTISCHE
REGIME MISS-
BRAUCHTE DAS
GEBÄUDE DIESER
HUMANISTISCHEN
BILDUNGSSTÄTTE
VON 1941 BIS 1943
ALS SAMMELLAGER
FÜR JÜDISCHE
BÜRGER VOR DEREN
DEPORTATION IN
DIE TODESLAGER
VERGESST ES NICHT!

Ehemalige Volks- und Höhere Israelitische Schule zu Leipzig

Gustav-Adolf-Straße 7
(heute Deutsche Zentralbücherei für Blinde)

Da es wegen Freistellungen an hohen jüdischen Feiertagen, der Nichtteilnahme am christlichen Religionsunterricht oder der fehlenden Unterweisung in die Gesetze des eigenen Glaubens immer wieder zu Spannungen kam, wuchs bei einem Teil der jüdischen Einwohner Leipzigs das Bedürfnis nach einer eigenen Schule. Eine dementsprechende Initiative beförderte vor allem der Rabbiner Dr. Ephraim Carlebach (1879–1936).

1912 begann der Unterricht in zwei provisorischen Gebäuden, ehe 1913 das heute noch existierende Schulgebäude eingeweiht werden konnte. Die pädagogische Einrichtung besaß die Zweige Realschule, Realgymnasium und Höhere Töchterschule. Es gab acht Elementar- und zwei mittlere Klassen. Um das Abitur abzulegen, mussten die Schülerinnen und Schüler zwei höhere Klassen in den allgemeinen Gymnasien absolvieren. Bis zum Jahr 1938 lehrten an der Israelitischen Schule auch nichtjüdische Lehrer. Wegen ihres verdienstvollen Direktors nannte man die Lehrstätte nur „Carlebach-Schule". Um das Wohl und die Entwicklung der Einrichtung bemühte sich auch der 1914 gegründete Israelitische Schulverein.

Dr. Ephraim Carlebach trat 1935 aus gesundheitlichen Gründen als Direktor zurück. Ein Jahr später verließ er Leipzig und wanderte nach Palästina aus, wo er noch im selben Jahr verstarb. Im „Überwachungsbericht der Verabschiedung des Rabbiners Dr. Carlebach" vom 2. März 1936 vermeldete die Gestapo: „Unter den Abschiednehmenden waren unter anderen Bankier Hans Kroch, der Kaufmann Samuel Hodes, die Gebrüder Held, Rauchwarenhändler wie Hermann Pelz, oder Handelsfrauen wie Chana Goldhammer – etwa 150 Personen". Die Abfahrt Dr. Carlebachs ist genau vermerkt: „... wird mit dem planmäßigen D-Zug 23.50 Leipzig verlassen!"

Dr. Siegfried Weikersheimer (1890–1947) übernahm die Leitung der Schule. Während des Pogroms im November 1938 versuchten die Nazis das Gebäude in Brand zu stecken. Das Feuer konnte jedoch gelöscht werden. Schäden entstanden allerdings durch die Zerstörung von Fenstern und Türen, Büchern und Schriftstücken. Nach dem Pogrom wurde die Schule zunächst geschlossen und Dr. Weikersheimer in das KZ Buchenwald verschleppt. Er kam jedoch bald frei und konnte noch auswandern.

Am 16. Januar 1939 begann der Unterricht wieder. Als letzter Direktor wirkte Daniel Katzmann (1895–1943). Im gleichen Jahr mußte sich die Schule umbenennen in „Jüdische Volksschule zu Leipzig / Schule für Jungen und Mädchen der Reichsvereinigung der Juden in Deutschland". Im Dezember 1939 verboten die Nazis jegliche Tätigkeit des Israelitischen Schulvereins. 1940 fand nur noch unregelmäßig Unterricht statt. Ab 1941 zwang man jüdische Bürger Leipzigs, in das Gebäude zu ziehen, ehe von dort aus die Deportationen erfolgten. 1942 schließlich verbot das NS-Regime den Schulbetrieb völlig. Daniel Katzmann kam zunächst in das KZ Theresienstadt und wurde 1943 in Auschwitz ermordet. Zum Andenken an den ersten und letzten Schuldirektor gibt es seit 1992 in Leipzig eine Carlebach- und eine Katzmannstraße.

Im Krieg wurde die auf dem Hof gelegene Turnhalle, die auch als Aula gedient hatte, zerstört. Während der Nazizeit – nach dem Verbot, öffentliche Veranstaltungen zu besuchen – hatten in diesem Raum unter anderem Filmabende stattgefunden, die vom Jüdischen Kulturbund organisiert wurden. Auch am Schulgebäude gab es Schäden. 1961–1963 baute man zwei Gebäude an das Haus an. Nunmehr bildet die ehemalige Israelitische Schule den Mitteltrakt der Deutschen Zentralbücherei für Blinde.

Am 7. November 1988 wurde an der Hauswand eine Gedenktafel enthüllt, die Gerd Nawroth gestaltete. Auf einer in vier Schriftfelder geteilten Bronzetafel mit einem Davidstern in der Mitte ist folgender Text zu lesen: „Gegründet von dem Rabbiner Dr. Ephraim Carlebach, wurde in diesem Gebäude im Jahre 1913 die Israelitische Schule eingeweiht. Das faschistische Regime missbrauchte das Gebäude dieser humanistischen Bildungsstätte von 1941 bis 1943 als Sammellager für jüdische Bürger vor deren Deportation in die Todeslager. Vergeßt es nicht!“ Seit Juni 2008 trägt das traditionsreiche Gebäude den Namen „Ephraim-Carlebach-Haus“.

Das Gebäude der ehemaligen Volks- und Höheren Israelitischen Schule, heute Deutsche Zentralbücherei für Blinde „Ephraim-Carlebach-Haus“
Seite 56: Gedenktafel links neben dem Eingang

Tschaikowskistraße 13, das Geburts- und Wohnhaus von Bernard Katz

Gedenkstein für Sir Bernard Katz im Klinikpark an der Liebigstraße

Geburtshaus des Nobelpreisträgers Sir Bernard Katz

Tschaikowskistraße 13

Im Haus König-Johann-Straße 13 (heute Tschaikowskistraße) wurde am 26. März 1911 Bernhard Katz geboren. Nach dem Besuch des König-Albert-Gymnasiums studierte er Medizin an der Leipziger Universität und konnte 1934 seine Promotionsschrift an der Medizinischen Fakultät mit größtem Erfolg verteidigen. Dies hatte er zum einen dem hohen wissenschaftlichen Niveau seiner Arbeit, aber auch der Konsequenz von Professor Martin Gildemeister zu verdanken, der sich vehement für seinen jüdischen Doktoranden einsetzte. Die Approbation als Arzt bekam Dr. med. Bernhard Katz jedoch nicht mehr. Sie war jüdischen Medizinern ab 1935 versagt. Nach einer kurzen Zeit als Volontär-Arzt im Israelitischen Krankenhaus (Eitingon-Stiftung) verließ Bernhard Katz im März 1935 Deutschland. Er konnte in England seine wissenschaftliche und berufliche Laufbahn fortsetzen – oder besser: beginnen. Bernard (so sein nun anglisierter Name) Katz widmete sich in seinen Forschungen weiterhin physiologischen und biophysikalischen Prozessen in der Medizin.

Krönende Erfolge seiner Arbeit waren 1969 die Erhebung in den Adelsstand durch die britische Königin sowie der Nobelpreis, den er 1970 erhielt. Dies nahm in seiner Geburtsstadt bis Anfang der 1990-er Jahre kaum jemand wahr. Erst 1990 gab es für Sir Bernard Katz durch die Verleihung der „Ehrendoktorwürde der Medizinischen Fakultät der Karl-Marx-Universität Leipzig“ die längst fällige Anerkennung. Der Albertiner-Verein initiierte und stiftete im Jahre 2000 einen Gedenkstein für den Leipziger Nobelpreisträger. Die Bronzetafel auf Naturstein, die im Oktober 2000 in der Parkanlage des Universitätsklinikums in der Liebigstraße eingeweiht wurde, erinnert an Lebens- und Schaffensstationen des Wissenschaftlers. An seinem Geburts- und Wohnhaus sucht man einen Hinweis auf den bis heute einzigen Leipziger Nobelpreisträger vergebens. Sir Bernard Katz verstarb im Jahr 2003 in London.

Eingangsportal des ehemaligen Israelitischen Krankenhauses

Ehemaliges Israelitisches Krankenhaus

(Eitingon-Stiftung)
Eitingonstraße 12

Von 1919 bis 1928 gab es in der ersten Etage der König-Johann-Straße 19 (heute Tschaikowskistraße) ein Israelitisches Krankenheim. Es wurde auf wesentliche Initiative des Internisten Dr. med. Pascal Deuel ein Jahr nach Ende des Ersten Weltkriegs eingerichtet. Deuel und weitere Persönlichkeiten, wie zum Beispiel Professor Abraham Adler, hatten sich von Anfang an für die Gründung eines jüdischen Krankenhauses in Leipzig eingesetzt. Chaim Eitingon, ein berühmter und geschäftlich erfolgreicher Pelzhändler vom Brühl, dessen generöse Unterstützung die Juden Leipzigs mehrfach erfahren hatten, initiierte 1926 auf der Grundlage einer von ihm ins Leben gerufenen und nach ihm benannten Stiftung den Bau eines Krankenhauses. Errichtet wurde der großzügige Bau am Rande des Rosentals nach Plänen und unter Leitung des Architekten Stadtrat Pflaume und seines Mitarbeiters, des Architekten Naumann. Spätere Um- und Erweiterungsbauten wurden von dem Architekten Wilhelm Haller ausgeführt, der sich bereits mit seinen Entwürfen für Friedhofsbauten einen Namen gemacht hatte. Baubeginn war im Februar 1926.

Das Israelitische Krankenhaus wurde am 17. Mai 1928 eingeweiht. Die Festrede hielt Dr. Ephraim Carlebach. Die Ausstattung des Hauses entsprach modernsten medizinischen Erkenntnissen. So gab es beispielsweise einen Apparat für Röntgendiagnostik, den damals nur wenige Universitätskliniken in Deutschland aufweisen konnten. Es war ein sogenanntes Stubenkrankenhaus. Insgesamt konnten 90 Kranke aufgenommen werden, die in Einzel-, Zweibett-, Fünfbett- und den (zwei) Siebenbettzimmern untergebracht waren.

Dem Krankenhaus schloss sich ein 11500 Quadratmeter großes Parkgelände an. Während das Gebäude von Chaim Eitingon und seiner Frau gestiftet wurde, ermöglichte eine große Spende von Motty und Fanny Eitingon, New York, sowie weiteren Familienmitgliedern die Innenausstattung. Das Israelitische Krankenhaus nahm Patientinnen und Patienten aller Konfessionen auf, wurde aber nach den jüdischen Speisegesetzen streng rituell geführt. Während der Einweihungsfeierlichkeiten gab der Oberbürgermeister der Stadt Leipzig, Dr. Karl Rothe, die Umbenennung der an das Krankenhaus grenzenden Straße in Eitingonstraße bekannt. Die nationalsozialistische Stadtverwaltung änderte den Namen 1938 in Ferdinand-Becker-Straße. Seit Kriegsende heißt sie wieder nach dem Mann, der das erste jüdische Krankenhaus in Sachsen begründete.

Zwei über die Grenzen Leipzigs hinaus bekannte Ärzte folgten der Berufung an diese medizinische Einrichtung: Dr. med. Ludwig Frankenthal (1885–1944) wurde Chefarzt der Chirurgischen Abteilung, Dr. med. Pascal Deuel (1885–1932) übernahm die Leitung der Inneren Abteilung.

Nach seinem Tod übernahm der ebenfalls international renommierte Professor Dr. Martin Nothmann, ein Diabetes-Spezialist aus Breslau, seine Funktion.

Dr. Frankenthal und seine beiden Söhne wurden in Auschwitz ermordet. Letzter Chefarzt des im Dezember 1939 auf Gestapobefehl nach Dösen exmittierten Krankenhauses war Dr. Otto Michael, der am 15. August 1943 nach Theresienstadt deportiert wurde und dort 1944 umkam. Seit 1992 erinnert die Otto-Michael-Straße in Leipzig an sein Wirken.

Zwei Gedenktafeln im Krankenhaus, die auf die Stifter verweisen, mußten in der Nazizeit entfernt werden. Die Tafeln wurden 1992 zufällig im Keller des Gemeindehauses Löhrstraße 10 entdeckt und nach ihrer Restaurierung an alter Stelle in der Eingangszone wieder angebracht. Am 14. August 1992 erhielt das Krankenhaus in einer Feierstunde jenen Namen, den ihm die Leipzigerinnen und Leipziger schon vor Jahren gegeben hatten: Eitingon-Krankenhaus.

Der neu gestaltete Davidstern am Giebel des Eitingon-Hauses

Am Giebel des Hauses befindet sich seit den Umbauarbeiten 2004/05 wieder – in Verbindung mit einem runden Fenster – der altbekannte, erhaben gestaltete Davidstern.
Am 18. Januar 2006 wurde in einer festlichen Veranstaltung in Anwesenheit eines der Enkel Chaim Eitingons, Marc Eitingon, das Haus einer neuen Bestimmung übergeben: Es ist weiterhin eine Einrichtung des Klinikums St. Georg Leipzig, konzentriert sich aber nunmehr auf die medizinische und soziale Betreuung psychisch Kranker. Zu diesem Zweck wurden in dem Haus auch sozialtherapeutische Wohnstätten eingerichtet. Das Haus trägt seit 2006 den Namen Eitingon-Haus.
Seit 2012 erinnert in der Galerie des Eitingon-Hauses neben einer ständigen thematischen Ausstellung zur Hausgeschichte ein bedeutsamer Bestand der Handbibliothek von Dr. Frankenthal an das Wirken dieses Arztes. Die Bibliothek wurde von den Nichten Dr. Frankenthals, Martha Hinrichsen und Irene Lawford-Hinrichsen, an das Klinikum St. Georg als Schenkung übergeben.

Ehemaliges Sächsisches Israelitisches Altersheim zu Leipzig

Hinrichsenstraße 14

(heute Ariowitsch-Haus)

Ein erstes jüdisches Altersheim gab es auf Initiative von Alfons Jacobsohn in der Nordstraße. Als das Haus durch das Anwachsen der Gemeinde nicht mehr ausreichte, stiftete Louise Ariowitsch ein neues Heim. Am 14. Dezember 1928 begann der Bau in der Auenstraße (heute Hinrichsenstraße), am 17. Mai 1931 erfolgte die Einweihung. Der Entwurf stammte vom Architekten Emil Franz Hänsel.

Das Haus des ehemaligen Sächsischen Israelitischen Altersheims zu Leipzig Hinrichsenstraße 14 (früher Auenstraße), links: Saal im Neubau des Jüdischen Kultur- und Begegnungszentrums

Der Stifterin ging es um die Linderung der Not im Alter. Auch die Ärmsten sollten eine Zuflucht erhalten. So entsprachen die Preise ihren Möglichkeiten. Bewerbungen konnten die Vorstände der acht israelitischen Gemeinden in Sachsen einreichen.
Im Haus gab es auch eine Betstube. Das Vordergebäude bot 40 Bewohnern Platz. Ein Plan für einen Erweiterungsbau im Garten existierte schon 1931, wurde aber erst 1938 vollendet. Noch 1940 erfolgte der Ausbau des Dachgeschosses. Umgangssprachlich nannte man die beiden Häuser nur das „Ariowitsch-Heim".
1943 beschlagnahmte die Gestapo das Gebäude. Sie verhörte und folterte hier Gegner des Regimes. Nach der Befreiung nutzte zunächst die amerikanische, dann die sowjetische Armee das Haus als Verwaltungssitz. Seit 1948 diente das Gebäude wieder als Altersheim. Die ganze Zeit blieb über der Eingangstür die Inschrift „Ariowitsch-Stiftung" erhalten.
Auf Initiative der Ephraim-Carlebach-Stiftung wurde am 6. Juni 1993 eine Gedenktafel in der Eingangszone vom Enkel der Stifterin enthüllt. Darauf ist zu lesen: „1931 stiftete die Familie Ariowitsch dieses Haus im Andenken an Julius Ariowitsch als Jüdisches Altersheim. 1942 wurden die Bewohner nach Theresienstadt deportiert. Sie kehrten nicht zurück." Als Symbol ist ein abgebrochener Baum zu sehen. Seit Ende der 1990er Jahre gab es den Vorschlag der Gemeinde, dieses symbolträchtige Haus zu einem Begegnungszentrum umzugestalten. Für die Realisierung engagierte sich der Verein Synagoge und Begegnungszentrum e. V. Das Projekt ruhte allerdings seit 2002, da einzelne Anwohner gegen die Baugenehmigung geklagt hatten. Das 2005 gesprochene Urteil des sächsischen Oberverwaltungsgerichts fiel zugunsten der Israelitischen Religionsgemeinde zu Leipzig aus. Im April 2006 gab es dann den symbolischen ersten Spatenstich für das neue Begegnungszentrum, in dem nicht nur für die Gemeindemitglieder eine kulturelle Heimstatt geschaffen werden sollte, sondern sich Juden wie Nichtjuden bei Veranstaltungen verschiedenster Art treffen können. Im Mai 2009 fand in Anwesenheit der damaligen Präsidentin des

Zentralrats der Juden in Deutschland, Charlotte Knobloch, und zahlreichen anderen in- und ausländischen Gästen der feierliche Festakt zur Einweihung des Jüdischen Kultur- und Begegnungszentrums statt. Das vom Architekturbüro Weis & Volkmann Leipzig entworfene und realisierte Quergebäude, das nunmehr den Hauptbau des Ariowitsch-Hauses mit dem dahinterliegenden Gebäude verbindet, liegt in der Unterebene des Grundstücks. Der vielseitig nutzbare Saal erhält Tageslicht insbesondere durch ein in die Decke eingelassenes rundes Glasfenster, das einen blauen Davidstern zeigt. Geweiht wurde das Haus, inzwischen auch international bekannt als „Ariowitsch-Haus", durch den damaligen Sächsischen Landesrabbiner Salomon Almekias-Siegl. Er brachte am Eingang eine Mesusa an – ein Symbol, das nach jüdischem Glauben das neue Zentrum Gott überantwortet. Das Haus ist zu einem vielbesuchten Ort der Gespräche, Begegnungen und des künstlerischen Schaffens geworden. Der Verein des Jüdischen Kultur- und Begegnungszentrums – Ariowitsch-Haus e. V. – organisiert ein vielseitiges Veranstaltungsprogramm. Die Ephraim-Carlebach-Stiftung zeigt in einem der Räume im Erdgeschoss eine informative Dauerausstellung, die ihre Ergänzung in jeweils thematischen Wechselausstellungen findet.

Gedenktafel im Vorraum des Hauses

Wohngebiet Neu-Gohlis

Landsberger Straße

Das besondere Engagement eines Bürgers für seine Heimatstadt Leipzig dokumentiert das Wohngebiet Neu-Gohlis. Es entstand durch Initiative des Bankiers Hans Kroch. Hier zeigt sich das soziale Denken eines gläubigen, wohlhabenden Juden, den seine Religion zur Wohlfahrt für die Allgemeinheit verpflichtete.

1930 wurde die Siedlung, die vorwiegend von den beiden Berliner Architekten Paul Mebes und Paul Emmerich entworfen worden war, nach nur 46-wöchiger Bauzeit fertiggestellt. Im typischen, vom Bauhaus beeinflußten Stil der zwanziger Jahre entstanden an der Landsberger Straße über tausend Wohnungen in drei- und viergeschossigen Blocks. Auffällig sind die farbigen Putzfassaden neben verglasten Treppenhäusern.

Der 1991 gegründete und bis Dezember 2012 existierende Bürgerverein Kroch-Siedlung e. V. engagierte sich stark für die Erhaltung dieses Wohngebiets. Der Verein beschäftigte sich darüber hinaus mit der Geschichte der Familie Kroch sowie des jüdischen Lebens in Leipzig allgemein. So ist es dem Bürgerverein zu verdanken, dass eine der Wohnungen in der Krochsiedlung im Erdgeschoss des Hauses Helgoländer Weg 4 im Originalzustand erhalten blieb. Eine Ehrentafel erinnert seit 2007 am Haus Helgoländer Weg 1 an das verdienstvolle Wirken von Hans Kroch.

Leipzig verdankt der Familie auch das beliebte Wahrzeichen am Augustusplatz – das Hochhaus mit den Glockenmännern.

links: Blick auf eine Wohnanlage in Neu-Gohlis (Krochsiedlung)

Historische und heutige Ansicht von den „Schussheimschen Wohn- und Altersheimen“

Ehemals Schussheims Wohn- und Altersheime

Wendenstraße 2/Am Hirtenhaus 2–6
(heute Seniorenresidenz Katharinenhof – Am Auensee)

1931 eröffnete der Kaufmann Siegfried Schussheim in der Wendenstraße 2 das erste „Abonnentenheim des Familienlesezirkels Siegfried Schussheim". In kürzester Zeit war das kleine Haus voll belegt, und Siegfried Schussheim nahm das zweite Heim in Angriff. Der Leipziger Architekt Fritz Riemann errichtete das Gebäude seitlich des ersten Heims auf gleichem Areal. Am 8. Januar 1933 wurde der 40 Zimmer umfassende Neubau in der Wendenstraße 2 a unter starker Beachtung der Leipziger Öffentlichkeit eingeweiht.

Dem noch kleinen Bauensemble folgte ein Jahr später ein drittes Heim mit 70 Zimmern. Ausführender Architekt war auch hier Fritz Riemann. Die Häuser Am Hirtenhaus 4–6 vervollkommneten 1935 dieses Wohnensemble. Auch sie waren ein Ergebnis sozialer Wohltätigkeit. Die sechs stets voll belegten Häuser der Schussheimschen Alters- und Wohnheime Leipzig-Wahren waren ausschließlich für Abonnenten seines Familienlesezirkels vorgesehen, den er 1906 gegründet hatte. Jeder Bewohner konnte sein Zimmer mit seinen eigenen Möbeln ausstatten. Die Preise für die Zimmer reichten von durchschnittlich 1,50 Mark bis maximal 2,75 Mark pro Tag, inklusive Verpflegung, Heizung, Licht und Bedienung. Die Zimmer hatten fließend kaltes und warmes Wasser sowie Zentralheizung. Es gab einen großzügig ausgestatteten Leseraum, Gesellschaftsräume und einen großen Speisesaal.

Zu diesem Haus kamen bis 1937 noch sechs weitere Häuser – damals unter der Adresse Am Hirtenhaus bekannt – hinzu.

Eingeschlossen wurde dieses schön gelegene Areal von einem Park, der sich noch heute bis an die Weiße Elster erstreckt.

Siegfried Schussheim hatte diese Bauten übrigens vom ersten Haus an – ebenso wie später Rekonstruktionen oder Modernisierungen – ohne jede öffentliche Unterstützung errichten lassen.

Zeitgenössische Aufnahmen von der Anlage der „Schussheimschen Wohn- und Altersheime“ in Wahren (um 1935)

Er nahm private Darlehen auf, die es ihm ermöglichten, in den Heimen sozial vorbildliche Bedingungen zu schaffen.

Ende 1939 lebten noch über 70 jüdische Bewohner in diesen Heimen. Bis 1940 befand sich hier das größte Ensemble privat geführter Altersheime.

Im Laufe des Jahres 1940 jedoch mußten die Bewohner ihre Zimmer aufgeben und wurden gezwungen, falls sie nicht doch emigrieren konnten, in sogenannte Judenhäuser in Zentrumsnähe zu ziehen. Von dort aus wurden sie in die Vernichtungslager deportiert.

Die Häuser der Wendenstraße 2/2a gingen 1942 in städtischen Besitz über, und die Stadt Leipzig führte darin das „Altersheim Wahren". Das großzügige Areal der ehemaligen Schussheimschen Wohn- und Altersheime wurde nach 2000 rekonstruiert und teilweise neu bebaut. Heute befindet sich dort die Seniorenresidenz mit betreuter Wohnanlage Katharinenhof – Am Auensee. Einige Häuser des Straßenzugs Am Hirtenhaus werden zudem als Wohnhäuser genutzt.

Speisesaal in einem der „Schussheimschen Wohn- und Altersheime"

Heutige Ansicht des ehemaligen Kinderheims der Leipzig-Loge

Ehemaliges Kinderheim der Leipzig-Loge

Gottschedstraße 40

Die Leipzig-Loge ist aus einem Orden hervorgegangen, der 1843 in den USA gegründet wurde. Seit 1885 existiert die Organisation unter dem Namen BNAI BRITH (auch B'nai-B'rith). Eine Ortsgruppe in Leipzig wurde im Jahr 1900 gebildet. Ihr Hauptbetätigungsfeld sahen die Logenmitglieder in der Aufklärung gegenüber judenfeindlichen Vorurteilen sowie auf dem Gebiet der Wohltätigkeit.

Seit 1908 unterhielt die Loge ein Kinderheim in der Poniatowskistraße 12 (heute Gottschedstraße 40) mit etwa 30 Kindern.

1921 zählte die Loge 154 Mitglieder. Ein Schwesternbund der Leipzig-Loge engagierte sich auf sozialem Gebiet in vielfältiger Weise – wie zum Beispiel durch Mittagstische für Erwachsene und Kinder sowie Altkleidersammlungen.

Das Kinderheim wurde bis 1931 von Albert Weill geleitet, dem Vater des bekannten Komponisten Kurt Weill.

Im April 1937 verbot die Gestapo jegliche Tätigkeit der Leipzig-Loge. Zu DDR-Zeiten befand sich im Gebäude eine Dienststelle der Staatssicherheit. Heute ist es ein Wohnhaus.

Ehemalige Villa Ury in der Wächterstraße 32,
heute Hotel Gästehaus Leipzig

Ehemalige Villa Ury

Wächterstraße 32

(heute Hotel Gästehaus Leipzig)

Eigentümerin des Hauses Wächterstraße 32 war bis zur Zwangsenteignung 1940 Selma Ury, die Frau des Kaufmanns Moritz Ury. Die Gebrüder Moritz und Julius Ury kamen 1896 aus dem Elsaß in die Messestadt und gründeten am Königsplatz im gleichen Jahr Leipzigs erstes Warenhaus.

Von 1936 bis zum 1. Oktober 1939 war die Wächterstraße 32 auch Sitz des polnischen Generalkonsuls. In der Zeit vom 26. bis zum 28. Oktober 1938 wurden in einer Nacht-und-Nebel-Aktion 17 000 Juden polnischer Staatsangehörigkeit aus dem Deutschen Reich ausgewiesen und über die deutsch-polnische Grenze abgeschoben. Im Nazi-Jargon hieß das „Polen-Aktion". In Leipzig wurden in der Nacht vom 28. zum 29. Oktober 1938 etwa 5000 Leipziger Juden polnischer Herkunft verhaftet und in einen Wartesaal des Hauptbahnhofs gebracht. Dabei spielte es keine Rolle, ob jene Menschen durch Heirat Polen geworden waren, seit Jahrzehnten in Leipzig wohnten, vielleicht in der zweiten Generation hier lebten und Polen noch nie gesehen hatten, oder ob sie erst seit kurzer Zeit in Leipzig ansässig waren.

Der Leipziger Felix Schmulewitsch erinnerte sich: „Mein Vater kam mit 18 Jahren aus Polen nach Leipzig und heiratete später eine nichtjüdische Frau, meine Geschwister und ich wuchsen in Leipzig auf, waren ‚waschechte' Sachsen. Wir wurden alle mit dem ‚Überfaller', wie wir das Polizeiauto nannten, zum Hauptbahnhof gebracht. Dort standen Züge, die uns zur polnischen Grenze brachten. Wir liefen mit unserem Gepäck über einen Sturzacker im Niemandsland und standen da in der kalten Nacht. Zunächst ließen uns die Polen nicht herein, sodass wir tagelang im Freien zwischen den Grenzen kampieren mussten. Schließlich konnten wir dann zu den Verwandten meines Vaters fahren. Mein Vater, meine Großeltern, all meine jüdischen Verwandten wurden

später nach dem Einmarsch der Deutschen verhaftet. Wir haben nie wieder von ihnen gehört." Wenige konnten sich retten, da sie nach Kriegsausbruch im Jahre 1939 zumeist in die Konzentrations- und Vernichtungslager gerieten.
Die „Polenaktion" fand in Halle bereits am 27. Oktober statt. So konnten Informationen über die Deportation noch Leipzig erreichen.
Rolf Kralovitz erinnert sich im Buch „Davidstern und Weihnachtsbaum": „Wer sich in Leipzig vor der Verhaftung hatte retten können, flüchtete ins polnische Generalkonsulat in der Wächterstraße. Im Konsulatsgebäude und im dazu gehörigen Garten hielten sich Hunderte von Menschen auf. Es regnete furchtbar, und man errichtete im Garten ein großes Zelt. Ich war von Anfang bis Ende der Aktion mit dabei, um zu helfen und die Leute mit Lebensmitteln und anderen Dingen zu versorgen. Frau Kroch, die diese Hilfsaktion mit leitete, nahm uns – das heißt ein paar Jungen aus meiner Klasse – in eine Villa mit, um dort Decken und Liegestühle

Die ehemaligen Leipziger Chana Gildoni und Rolf Kralovitz (mit Ehefrau Brigitte, links) während der zweiten Jüdischen Woche, Leipzig 1998

abzuholen. In der Nordstraße gab es die jüdische Bäckerei Schmeidler, die Tag und Nacht Brote buk. Wir haben die Brote auf den Bahnhof geschafft, in die Züge hineingereicht und auch in die Wächterstraße gebracht. Das Konsulat war exterritoriales Gebiet, und so griff die Polizei nicht ein. Nach etwa drei Tagen verkündete der Generalkonsul: ‚Sie können jetzt alle nach Hause gehen. Es passiert Ihnen nichts mehr.' Da sagte jemand: ‚Ach, ist das schön. Nun haben wir alles überstanden.' Und ein anderer antwortete ganz pessimistisch: ‚Was heißt denn überstanden?! Wir sind jetzt staatenlos!' "

Es ist erwiesen, dass der polnische Generalkonsul Chiczewski seinen Landsleuten half, indem er sie aufforderte, sich mit ihren Familien auf dem Konsulatsgelände einzufinden.

In einem Polizeibericht an die Kreishauptmannschaft steht zu den Ereignissen: „Nach den hiesigen Feststellungen sind im Grundstück des polnischen Konsulats 1296 Personen eingetroffen und dort bis zum 29. Oktober nachmittags verblieben."

Die Solidaritätsaktion des Generalkonsuls Chiczewski war also zunächst erfolgreich, und alle, die im Konsulat Zuflucht gefunden hatten, konnten in ihre Wohnungen zurückkehren.

Wer jedoch in der darauffolgenden Zeit Deutschland nicht verließ, wurde nach Kriegsausbruch, also nach dem Überfall Hitlerdeutschlands auf Polen, verhaftet und zumeist nach Sachsenhausen oder Buchenwald gebracht.

Von 1948 bis Anfang 2006 diente die idyllisch gelegene Villa ausschließlich der Stadt Leipzig als Gästehaus. Die stilvolle Einrichtung der Räumlichkeiten bildet im Einklang mit dem historischen Charakter das besondere Ambiente des Hauses, welches seit Anfang 2006 als Hotel Gästehaus Leipzig fungiert.

HIER IN DIESEM GRABEN
WURDEN IM JAHRE 1938
JÜDISCHE BÜRGER
VOR IHRER DEPORTATION
ZUSAMMEN GETRIEBEN

Gedenkstein an der Parthe

Parthenstraße Ecke Pfaffendorfer Straße

In der Parthenstraße, gegenüber dem Eingang zum Zoo, wurde am 16. November 1988 ein Mahnmal eingeweiht. Initiator war der Ökumenische Arbeitskreis der Stadt Leipzig, in dem alle christlichen Kirchen der Stadt mitarbeiten.

Der Gedenkstein erinnert an die Geschehnisse während des Novemberpogroms im Jahre 1938, als man im gemauerten Flussbett der Parthe jüdische Bürger zusammentrieb und von dort in Konzentrationslager verschleppte.

Der Gedenkstein, geschaffen von dem Bildhauer Peter Makolies, steht nahe der Treppe, die zur Parthe hinunterführt. Auf der Vorderseite ist – plastisch herausgearbeitet – der Davidstern zu sehen. Der Text auf der rechten Seite lautet: „Wo ist dein Bruder? Genesis 4,9". Links steht: „Hier in diesem Graben wurden im Jahre 1938 jüdische Bürger vor ihrer Deportation zusammengetrieben".

Die Funkenburgstraße 25 heute

„Judenhäuser“

Mahnmale besonderer Art sind jene Gebäude, die von den Nazis als sogenannte Judenhäuser eingerichtet wurden. Am 31. Oktober 1939 meldeten die Leipziger Neuesten Nachrichten unter der Überschrift „47 Judenhäuser in Leipzig. Ein Gesetz schafft Ordnung“ unter anderem stolz: „Judenumquartierung vor dem Abschluß. ... Der nächste Umzugstermin: 31. Dezember.“
Das Gesetz vom 30. April 1939 über die Mietverhältnisse mit Juden brachte die Aufhebung ihres Mieterschutzes. In der Folgezeit kündigte man den jüdischen Familien die Wohnungen und wies ihnen bestimmte Häuser in der Stadt zu. Auch Familien, die in Ortschaften und kleinen Städten in der Nähe Leipzigs wohnten, erhielten solche Zwangseinweisungen. Bevor 1942 die Transporte nach Osten in die Ghettos und Vernichtungslager begannen, pferchte man die Frauen, Männer und Kinder auf kleinstem Raum zusammen. Einige der Gebäude, die für viele Menschen die letzte Station in ihrer Heimatstadt waren, stehen heute noch, so beispielsweise die Löhrstraße 10, die in der Nazizeit Walter-Blümel-Straße hieß, oder das Haus Jacobstraße 7, das bis 1939 in 9 Zimmern einer Etage auch ein kleines, namentlich vom Felix-Goldmann-Verein getragenes Kinderheim beherbergte; weiterhin das schon erwähnte Haus der Familie Ariowitsch, Färberstraße 11, sowie die Häuser Funkenburgstraße 15, 16, 23 und 25, Humboldtstraße 4, 6, 10, 12a, 13, 15. In der Nummer 13 befanden sich seinerzeit das Sozialamt der Gemeinde und das Büro für Auswanderung. In den vierziger Jahren wurde das Haus auch als Altersheim genutzt. Die Humboldtstraße 4 hat für den 1933 in Leipzig geborenen Rolf Isaacsohn eine besondere Bedeutung. Die Familie war gezwungen, bis zum Februar 1945 dort im Keller zu wohnen. In jenem Monat wurden dann Vater und Sohn Isaacsohn nach Theresienstadt deportiert. Nach der Befreiung war die Familie wieder in Leipzig vereint.

Steinrelief am Alten Rathaus

Salzgäßchen

Über den Arkaden am Salzgäßchen befindet sich ein Schmuckstein mit handelnden Juden. Neben anderen wurde er während der Umbauten in den Jahren 1906–1909 dort eingefügt. Das Relief in der Art eines Renaissance-Hauszeichens stammt vermutlich von Otto Wilhelm Scharenberg. Es ist ein Symbol dafür, dass der Handel mit den ostjüdischen Kaufleuten untrennbar mit der Messestadt verbunden war und vom Rat der Stadt um die Jahrhundertwende gewürdigt wurde.

Das ehemalige Herren-Konfektionshaus Bamberger & Hertz am Augustusplatz (oben, heutige Ansicht) und die Gedenktafel für die von den Nazis ermordeten Familienmitglieder der Bambergers und die Brandschatzung des Gebäudes 1938 (unteres Bild)

Königsbau

Augustusplatz

Von 1912 bis 1938 befand sich im Königsbau das „Spezialkaufhaus für Herren- und Knabenkonfektion“ Bamberger & Hertz. Seit dem November 2003 informiert an der Ecksäule des Geschäftshauses Goethestraße Ecke Grimmaische Straße eine Tafel aus Sandstein über das Schicksal der Gründer dieses damals deutschlandweit bekannten Unternehmens:

Zum Gedenken an die Familie Bamberger,
die früheren Besitzer dieses Hauses,
und ihr Konfektionsgeschäft Bamberger & Hertz,
ihr Lebenswerk, das am 9. November 1938 in der
Reichskristallnacht von den Nationalsozialisten zerstört wurde.

Historische Aufnahmen vom Geschäftshaus Bamberger & Hertz (um 1930 und nach dem Brand in der Pogromnacht 1938)

AM 14. FEBRUAR 1945 WURDEN 169
KINDER, FRAUEN UND MAENNER
IN DAS KONZENTRATIONSLAGER
THERESIENSTADT DEPORTIERT.
WENIGE WOCHEN VOR DEM ENDE
DES ZWEITEN WELTKRIEGES
WAR ES DER LETZTE TRANSPORT
OPFER AUS LEIPZIG.

Das Denkmal im Hauptbahnhof

Nach Transporten polnischer Juden an die Grenzen des Deutschen Reichs im Oktober 1938 und den Transporten deutscher Juden im Zusammenhang mit der Pogromnacht im November 1938 fuhren ab dem 21. Januar 1942 von Leipzig aus auch Deportationszüge in die Vernichtungslager. Die Deutsche Reichsbahn erwies sich mit der Organisation dieser Transporte von Juden, Sinti und Roma, aber auch von politischen Gegnern des Nationalsozialismus in die Todeslager als willfähriger Helfer des NS-Regimes.

In Leipzig gingen diese Transporte vom Güterbahnhof des Vororts Engelsdorf ab, damit die Bevölkerung möglichst nicht Augenzeuge dieser Vorgänge werden konnte. Nur der letzte Transport, geplant für den 13. (nach anderen Angaben 12.) Februar 1945 nach Theresienstadt, erfolgte vom Hauptbahnhof aus, weil Bahnhof und Gleisanlagen in Engelsdorf inzwischen bei Bombenangriffen schwer beschädigt worden waren.

An alle diese Deportationen erinnert auf dem Querbahnsteig vor dem ehemaligen Gleis 24 seit 2012 ein kleines Mahnmal. Der Entwurf stammt von Roland Steckel.

Stolpersteine – hier für Leipziger Opfer des Holocaust. Wer sie lesen will, muß sich verneigen.
Von oben nach unten: Familie Rodoff, Irma Rosenhein, Dr. Berthold Seckelsohn, Erich Julius Weil, Hedwig Burgheim, Dr. Felix Benno Cohn

Stolpersteine in Leipzig

Seit dem 3. April 2006 werden auch in Leipzig sogenannte Stolpersteine verlegt, mit denen namentlich an Opfer des Nationalsozialismus erinnert wird. Die in den Fußweg eingelassenen Steine, die mit einer 10 mal 10 Zentimeter großen Messingplatte bedeckt sind, auf denen Namen und Daten von Menschen aller Opfergruppen des Nazi-Terrors eingraviert sind, schuf der Kölner Künstler Gunter Demnig. Er verlegt diese Denk-Steine bereits seit 1996 – inzwischen europaweit! In beinahe allen Leipziger Stadtteilen ist diese Form des Gedenkens zu finden. Zu den ersten Stolpersteinen, die in Leipzig verlegt wurden, gehört der für die Pädagogin Hedwig Burgheim in der Wettiner Straße 9. Sie wurde in Auschwitz ermordet. In der Alexanderstraße 46 erinnern diese Steine des Gedenkens an den jüdischen Religionslehrer Isaak Prinz, seine Frau und seine fünf Kinder, die nach Belgien flüchteten, aber dort von den Nazis verhaftet und nach Auschwitz deportiert wurden. Die Stolpersteine in der Talstraße 10 und in der Goldschmidtstraße machen auf das Schicksal der Verleger-Familie Hinrichsen aufmerksam.

In der Zschocherschen Straße 87 mahnt ein Stein an Irma Rosenhein. Die Familie konnte ihre Tochter mit dem ersten Kindertransport im November 1938 nach England schicken und somit retten. Irma Rosenhein, ihr Mann verstarb 1940, wurde mit der ersten Deportation aus Leipzig nach Riga-Kaiserwald verschleppt und kam dort um. Vor dem Haus Dieskaustraße 10 liegt ein solcher Stein für den beliebten Arzt Dr. Berthold Seckelsohn, der hochbetagt nach Theresienstadt deportiert wurde und sich dort voller Verzweiflung das Leben nahm. Im Columbarium der Gedenkstätte Theresienstadt erinnert eine von Leipzigern initiierte und finanzierte Gedenktafel an diesen Arzt.

In Leipzig sind bis Dezember 2015 313 Stolpersteine an 136 Orten verlegt worden.

Der Leipziger Synagogalchor mit seinem damaligen Künstlerischen Leiter, Kammersänger Helmut Klotz, 2012 im neuen Saal des Jüdischen Kultur- und Begegnungszentrums Hinrichsenstraße 14

Der Leipziger Synagogalchor mit seinem neuen Künstlerischen Leiter Ludwig Böhme bei einem Auftritt an der Synagogen-Gedenkstätte in der Gottschedstraße, 2013

Der Leipziger Synagogalchor

Ein besonderes Zeugnis der Pflege jüdischer Kultur durch Nichtjuden in heutiger Zeit stellt der Leipziger Synagogalchor dar. Er wurde 1962 von Oberkantor Werner Sander aus Mitgliedern des Leipziger Oratorienchors gebildet. Sander wirkte als Kantor der jüdischen Gemeinden von Leipzig und Dresden. Nach seinem Tod im Jahre 1972 übernahm Kammersänger Helmut Klotz, jahrzehntelang auch Tenor am Leipziger Opernhaus, die künstlerische Leitung. Er leitete den Chor 40 Jahre lang mit großem Erfolg bis 2012. Seine Nachfolge trat im April des gleichen Jahres Ludwig Böhme, ehemals Mitglied des Thomanerchors, an.

Der Leipziger Synagogalchor hat sich der Pflege der synagogalen Musik des 18. und 19. Jahrhunderts sowie der jiddischen und hebräischen Folklore verschrieben. Die hebräischen Texte und Gesänge aus dem Gottesdienst sind Psalmen und Gebete. Die Kompositionen entstanden für Chor und Vorsänger, den Kantor, im Stil eines Wechselgesangs mit Orgel- bzw. Klavierbegleitung. Aber auch A-cappella-Sätze kommen vor. Kammersänger Helmut Klotz sang die Kantorensoli aus dem Dirigat heraus.

Bei der jiddischen Folklore sind die Schöpfer – wie zumeist beim Volkslied – unbekannt. In den Liedern mischen sich vielfach Lebenskraft mit Trauer und Humor mit Melancholie.

Das Laienensemble ist in seiner Art einmalig in Europa. Mit großem Erfolg gastierten die 30 Sängerinnen und Sänger bisher in vielen deutschen, europäischen und außereuropäischen Städten. Erstmals führte den Chor 1993 eine Konzertreise nach Israel.

Machsor Lipsiae, Blatt 28, 130v „Moses gibt den Israeliten die Thora“

Universitätsbibliothek Albertina

Beethovenstraße 6

Auf einen umfangreichen und wertvollen Bestand an Hebraica und Judaica kann die Leipziger Universitätsbibliothek verweisen. Die in Jahrhunderten zusammengetragene Sammlung hat die Zeit des Nationalsozialismus ohne Schaden überstanden. Sie enthält Bücher in hebräischer Sprache vom 16. Jahrhundert bis in die Gegenwart, Tausende von Veröffentlichungen zur jüdischen Religion, Kultur und Geschichte in den verschiedensten europäischen Sprachen bis hin zu Autographen bedeutender jüdischer Persönlichkeiten.

Aus dem 16. und 17. Jahrhundert besitzt die Universitätsbibliothek hebräische Drucke, von denen sich sonst nur noch wenige in verschiedenen Bibliotheken der Welt befinden. 1962 wurde dieser Bestand durch 40 Exemplare aus der Leipziger Stadtbibliothek erweitert.

Eine Besonderheit in der Handschriftensammlung stellt der Machsor Lipsiae dar, eines der kostbarsten jüdischen Gebetsbücher (Abbildung links). Der Machsor zählt zu den bedeutendsten Leistungen jüdischer Buchillumination und stammt vermutlich aus dem süddeutschen Raum. Wann er in die Universitätsbibliothek gelangte, ist nicht klar, es wird jedoch angenommen, dass er sich schon über 250 Jahre in ihrem Besitz befindet.

Die hebräische Handschrift aus dem 14. Jahrhundert spiegelt jüdische Kultur und Religion im mittelalterlichen Deutschland wider. Unter Machsor versteht man ein jüdisches Festgebetbuch für das ganze Jahr oder für einzelne Feste. Über die oder den Schöpfer des zweibändigen Werks ist nichts bekannt. Die vielen Illustrationen und Illuminationen – hauptsächlich ornamentale Verzierungen – beweisen, dass es zur Entstehungszeit keine Bilderfeindlichkeit bei den Juden Deutschlands gab und die Buchillustration einen

hohen Stand hatte. Inzwischen liegen die zwei Bände des Leipziger Machsor in der Universitätsbibliothek auch in Form eines virtuellen Faksimiles vor.
Besonders muss eine Schenkung der Israelitischen Religionsgemeinde zu Leipzig erwähnt werden: Der Rabbiner der Gemeinde, Professor Nathan Porges, stiftete der Bibliothek anlässlich der 500-Jahr-Feier der Leipziger Universität 1909 die einzige hebräische Inkunabel.

Deutsche Nationalbibliothek Leipzig

Deutscher Platz 1

Seit 2006 trägt die Deutsche Bibliothek/Deutsche Bücherei Leipzig den Namen Deutsche Nationalbibliothek (DNB).
Als Sondersammlung in der Deutschen Nationalbibliothek in Leipzig gibt es seit Juni 1992 die Anne-Frank-Shoah-Bibliothek. Diese als Sondersammlung aufgebaute Bibliothek entwickelte sich zu einer anerkannten internationalen Forschungs- und Spezialbibliothek zum Holocaust. Gesammelt wird Literatur zur nationalsozialistischen Verfolgung und Ermordung der Juden sowie Literatur, die sich mit anderen verfolgten Gruppen, wie zum Beispiel den Sinti und Roma, beschäftigt, sowie Literatur über Ausländer- und Rassenhass mit dem Ziel, diese Literatur zu erschließen und zugänglich zu machen, um so insbesondere wissenschaftliche und Forschungsarbeiten zu unterstützen. Die Bibliothek richtet sich vornehmlich, aber nicht ausschließlich an Forscher, Wissenschaftler, Studenten, Pädagogen, Schüler. Der Bestand ist inzwischen (2016) auf über 14000 Titel und 30000 Daten, darunter Nachschlagewerke, wissenschaftliche Bücher, pädagogische Literatur, Kinder- und Jugendbücher, Zeitungen und Zeitschriften, audiovisuelle Medien, Karten und Plakate usw. angewachsen. Die Freihand-Bibliothek steht allen Interessenten offen. Die Initiative für die Bibliothek ging vom Anne-Frank-Fonds in Basel aus.

Deutsches Buch- und Schriftmuseum der Deutschen Nationalbibliothek

Deutscher Platz 1

Das Museum besitzt fünf hebräische Handschriften auf Pergament in Form einer Buchrolle. Sie stammen alle aus dem 19. Jahrhundert. Die sogenannten Estherrollen sind viermal vertreten. Eine hat durch ein getriebenes Silbergehäuse besonderen Wert. Die fünfte Handschrift ist eine Thorarolle, die also die fünf Bücher Moses (Pentateuch) enthält. Diese Rolle ist zerschnitten, was die Vermutung zulässt, dass sie ein Opfer der Pogromnacht wurde.

Stadtgeschichtliches Museum Leipzig

Markt 1 und Böttchergässchen 3

Aus dem Nachlass der Familien Mendelssohn Bartholdy und Wach konnte das Museum 1970 das „Mendelssohn-Zimmer" erwerben. Es besteht aus Originalmöbeln und -bildern, darunter eine Replik des bekannten Mendelssohn-Porträts von Eduard Magnus (1846), sowie diversen Erinnerungsstücken. Seit der Eröffnung des Mendelssohn-Hauses 1997 befindet sich das sogenannte Mendelssohn-Zimmer als Leihgabe im Mendelssohn-Haus. Das Mendelssohn-Porträt ist noch im Stadtgeschichtlichen Museum (Altes Rathaus) zu bewundern. Weiterhin im Bestand des Museums sind 66 Originalbriefe und mehrere musikalische Albumblätter des Komponisten, die hauptsächlich aus der Zeit seines Leipziger Wirkens stammen, sowie weitere handschriftliche Aufzeichnungen des Komponisten von 1838/39, die sich auf seinen zentralen Leipziger Wirkungsbereich als Kapellmeister des Gewandhausorchesters beziehen.

1964 erhielt das Museum den Nachlass Barnet Lichts als Geschenk. Der Nachlass des Dirigenten und verantwortlichen Mitarbeiters des Jüdischen Kulturbunds enthält zum Teil einmalige Dokumente,

Gemälde und Bücher. So blieben beispielsweise Programmzettel des Gesangvereins Jadassohn erhalten. Barnet-Licht-Porträts besitzt das Stadtgeschichtliche Museum von Eduard Einschlag (1909) und Max Schwimmer (1947). Neben diesen beiden Zeichnungen gibt es ein Gemälde aus dem Jahre 1912 von Wil Howard. Ein besonderes Dokument stellt eine Folge von Bleistiftskizzen dar, in Theresienstadt von dem jüdischen Künstler Ernst Kaufmann gezeichnet. Sie zeigen Barnet Licht – ebenfalls im KZ Theresienstadt – im April 1945. Schließlich besteht der Licht-Nachlass aus etwa 80 Büchern zur Geschichte des Judentums sowie zur jüdischen Musik und Literatur.

Arbeiten von jüdischen Leipziger Künstlern besitzt das Museum von Eduard Einschlag (1879–1944), Rudolph Saudek (1880–1965), Ernst Kaufmann (1882–1964) und Hugo Steiner-Prag (1880–1945). Schließlich sei auf historische Messeszenen verwiesen, welche auf Aquarellen oder Grafiken jüdische Händler zeigen und die aus dem 18. oder 19. Jahrhundert stammen.

Seit Dezember 1999 bis ca. 2006 existierte eine „Jüdische Dokumentation und Sammlung“, die alle vorhandenen Museumsbestände für diesen Bereich dokumentieren sollte. Inzwischen wurde dieser gesondert aufgebaute Bereich in den Gesamtsammlungsbestand integriert und ist auch in der allgemein zugänglichen digitalen Objektdatenbank abrufbar. Gleichzeitig wird dieser themenbezogene Sammlungsbereich durch zahlreiche Fotos, Dokumente, Memorabilia und gegenständliche Objekte ständig erweitert.

Vor allem mit Hilfe und dem Engagement ehemaliger jüdischer Leipziger gelang es, einen beachtlichen Fundus zusammenzutragen.

Die Ständige Ausstellung des Stadtgeschichtlichen Museums im Alten Rathaus bietet zudem in einem ihrer Ausstellungssegmente für den Zeitraum 1933–1945 neben Zeitzeugnissen eine computergestützte Personendatenbank zur Nutzung durch die Besucher an, die so zur weiteren eigenen Recherche zum Leben und Wirken jüdischer Leipziger anregt.

Mendelssohn-Museum im Mendelssohn-Haus

Goldschmidtstraße 12

Im Adressbuch Leipzig von 1847 ist im Einwohnerverzeichnis auf der Seite 68 folgender Eintrag zu lesen: „Mendelssohn-Bartholdy, Felix, Dr. phil., General-Musikdirektor und Kapellmeister. Königsstr. 3". Im gleichen Jahr verstarb der Komponist in diesem Haus. Es überstand schwierigste Zeiten und ist heute Museum.
Das Mendelssohn-Haus wurde 1997 zum 150. Todestag Mendelssohns eröffnet. Hier findet sich die einzige erhalten gebliebene Privatwohnung des Komponisten. Das Museum dokumentiert umfassend sein Leben und Schaffen. Seit 1997 ist auch das Mendelssohn-Zimmer als Leihgabe aus dem Stadtgeschichtlichen Museum im Alten Rathaus wieder in das Wohnhaus des Komponisten zurückgekehrt. Weiteres Originalmobiliar, Autographe und Aquarelle aus Mendelssohns Hand vermitteln einen authentischen Eindruck des Lebens im 19. Jahrhundert.
Das Haus beherbergt das weltweit erste und bis jetzt einzige Museum zu Ehren des Komponisten und Gewandhauskapellmeisters Felix Mendelssohn Bartholdy.
Der Initiator der Sanierung des Mendelssohn-Hauses und der Öffnung als Museum war der ehemalige Gewandhauskapellmeister und weltweit bekannte Dirigent Kurt Masur (1927–2015).

Schulmuseum „Werkstatt für Schulgeschichte, Leipzig"

Goerdelerring 20

Das kleine Museum beschäftigt sich mit der Leipziger Schulgeschichte. In diesem Zusammenhang widmen sich die Mitarbeiter auch der Recherche von Lebenswegen jüdischer Lehrerinnen und Lehrer sowie deren Schülerinnen und Schüler.

Gedenkstätte für Zwangsarbeit Leipzig

Permoserstraße 15

Bis zu ihrer Zerstörung, Enteignung und Liquidation 1945/1949 befanden sich auf diesem Gelände die Rüstungshallen der Hugo Schneider AG (HASAG), die neben anderen Leipziger Rüstungsbetrieben ebenfalls Tausende von Zwangsarbeitern ausbeuteten.
Das ehemalige Pförtnerhaus, im Jahr 2000 für Zwecke der Gedenkarbeit ausgebaut, beherbergt seit 2001 eine Gedenkstätte für Zwangsarbeiter, die aus fast ganz Europa kamen. Sie war bis zu der im August 2006 in Berlin eröffneten Gedenkstätte für die gleiche Opfergruppe die einzige in Deutschland. In einer Dauerausstellung wird über die Mechanismen und Formen der Zwangsarbeit und deren Geschichte im Leipziger Raum informiert und an die Tausende von Opfern – insbesondere jüdische Frauen – erinnert.

Stadtarchiv Leipzig

Torgauer Straße 74

Das Stadtarchiv besitzt Dokumente zur Geschichte der Juden, die vom 17. Jahrhundert bis in die Gegenwart reichen. So sind zum Beispiel Judenverordnungen des Rates der Stadt Leipzig und der sächsischen Landesregierung vorhanden, weiterhin Niederlassungsgesuche und Gesuche um Aufnahme als Schutzjuden.
Besonderen Raum nehmen Dokumente zur Handelstätigkeit jüdischer Kaufleute und deren Teilnahme an den Leipziger Messen ein. Weiterhin existieren Unterlagen zu den Beziehungen zwischen dem Rat der Stadt und der Israelitischen Religionsgemeinde sowie zur Verfolgung jüdischer Menschen in der Zeit des Nationalsozialismus. Das Stadtarchiv besitzt auch Dokumente, die den Neubeginn des Lebens in der Israelitischen Religionsgemeinde nach 1945 bezeugen.

Sächsisches Staatsarchiv Leipzig

Schongauerstraße 1

Die dort vorhandenen Dokumente zur jüdischen Stadt- und Regionalgeschichte wurden seit 1987 in einem Spezialinventar über Quellen zur Geschichte der Juden erfaßt. Sie stammen vorwiegend aus der Zeit um 1900 bis 1945. Ein „Judaica-Inventar" faßt nunmehr die archivalischen Quellennachweise aus dem Leipziger Raum und Umland zur Geschichte der Juden zusammen.
Auch für das Bundesarchiv Koblenz wurde der entsprechende Leipziger Datenbestand aufbereitet und so zentral zugänglich gemacht. Nicht zuletzt sei auf das 6-bändige Werk von Stefi Jersch-Wenzel und Reinhard Rürup „Quellen zur Geschichte der Juden in den Archiven der neuen Bundesländer" hingewiesen, das die Suche nach Dokumenten und Unterlagen bis ins Mittelalter enorm erleichtert.
Die ebenfalls in der Schongauerstraße 1 ansässige Deutsche Zentralstelle für Genealogie (DZFG) ist ein Bereich des Staatsarchivs Leipzig und stellt mit dem Bestand „Familiengeschichtliche Sammlungen des Reichssippenamtes, Jüdische Personenstandsunterlagen" auch zu diesem Forschungsgebiet für private und wissenschaftliche Arbeiten Dokumente zur Nutzung zur Verfügung.

Simon-Dubnow-Institut für jüdische Geschichte und Kultur e. V. an der Universität Leipzig

Goldschmidtstraße 28

Das Simon-Dubnow-Institut an der Leipziger Universität wurde im Mai 1996 gegründet. Im Mittelpunkt seiner Arbeit steht die Erforschung des jüdischen Lebens vornehmlich im multiethnischen Völkergefüge zwischen Europas Mitte, dem Osten des Kontinents und dem Balkan. Weitere Schwerpunkte des Instituts bilden die Migrationsgeschichte sowie wissenschafts- und rechtshistorische

Fragen. Andere Projekte widmen sich der ostmitteleuropäischen Gedächtnisgeschichte, in erster Linie dem historischen Verhältnis von Juden, Polen und Ukrainern.

Jüdisch-Christliche Arbeitsgemeinschaft

1977 begann die Zusammenarbeit zwischen der AG Kirche und Judentum durch den damaligen Vorsitzenden Pfarrer Siegfried Th. Arndt mit der Israelitischen Religionsgemeinde zu Leipzig unter dem damaligen Vorsitzenden Eugen Gollomb. Er wurde für seine Versöhnungsarbeit mit der Buber-Rosenzweig-Medaille geehrt. Seit 1979 gedenken im November die Christen der Stadt in der Thomaskirche in einem ökumenischen Gottesdienst zusammen mit der damals kleinen jüdischen Gemeinde Leipzigs der Geschehnisse des Pogroms im Jahre 1938.
Die Arbeitsgemeinschaft veranstaltet jeweils eine Jahrestagung zu einem bestimmten Thema und im Winterhalbjahr eine Vortragsreihe unter dem Motto „Beiträge zum Verstehen des Judentums“.

Ephraim-Carlebach-Stiftung

Löhrstraße 10

Die Stiftung wurde am 8. November 1992 auf Initiative von Professor Renate Drucker, Professor Manfred Unger und Dr. Hubert Lang sowie von Persönlichkeiten aus dem In- und Ausland gegründet. Erster Präsident war Dr. Fred Grübel, New York. Er war bis 1939 Verwaltungsdirektor der Israelitischen Religionsgemeinde. Die Stiftung sich zur Aufgabe gestellt, die Geschichte der Juden in Vergangenheit und Gegenwart zu dokumentieren und in das öffentliche Bewusstsein Leipzigs zu rücken. Dabei wird vor allem der enge Zusammenhang zwischen der stadtgeschichtlichen Entwicklung und deren Beförderung durch jüdische Bürgerinnen

und Bürger aufgezeigt. Dementsprechend werden Publikationen und Ausstellungen sowie Führungen zu Orten jüdischer Geschichte realisiert und in Zusammenarbeit mit Schulen und Hochschulen deren Bildungsarbeit unterstützt. Es werden somit auch Maßnahmen in den Bereichen Kunst, Kultur, Denkmalpflege sowie Wissenschaft und Forschung initiiert und gefördert, um das Wirken jüdischer Persönlichkeiten zu würdigen. Stellvertretend für die bekannten und namenlosen Jüdinnen und Juden der Stadt Leipzig wurde für die Stiftung der Name des hochgeachteten Rabbiners und Gründers der Israelitischen Schule, Dr. Ephraim Carlebach, gewählt. Zur Unterstützung dieser Organisation konstituierte sich am 6. Juni 1993 der Verein Gesellschaft der Freunde der Ephraim-Carlebach-Stiftung e. V.
Die Ephraim-Carlebach-Stiftung ist neben der Stadt und der Israelitischen Religionsgemeinde die dritte Trägereinrichtung der Jüdischen Woche in Leipzig. Neben der Sammlung und Koordination von Veranstaltungsangeboten zu historischen Themen für das jeweilige Gesamtprogramm bringt sie dabei auch eigene Projekte zur Geschichte der Juden in Leipzig ein.

Deutsch-Israelische Gesellschaft e. V., Arbeitsgruppe Leipzig

Die Gesellschaft hat sich zur Aufgabe gestellt, in vielen Bereichen die Beziehungen zwischen Deutschland und Israel zu vertiefen. In der Öffentlichkeit wird durch Veranstaltungen, das Leben in Israel betreffend, informiert. Als überparteiliche Organisation will die Deutsch-Israelische Gesellschaft die menschlichen, politischen, kulturellen und wirtschaftlichen Verbindungen zwischen dem deutschen und dem israelischen Volk festigen und weiterentwickeln.

Bürgerverein Waldstraßenviertel e. V.

Hinrichsenstraße 10

Der Bürgerverein organisiert unter anderem thematische Stadtrundgänge, erarbeitet Publikationen und Ausstellungen zur jüdischen Geschichte dieses Wohngebiets.

Arbeitsgruppe „Stolpersteine" in Leipzig

Sitz: Archiv Bürgerbewegung Leipzig e. V., Haus der Demokratie, Bernhard-Göring-Straße 152

Die Arbeitsgruppe konstituierte sich 2006, organisiert seitdem die Aktionen im Zusammenhang mit der Verlegung der Stolpersteine in Leipzig und betreut interessierte Gruppen bei ihren Recherchen zu den Biografien in Vorbereitung der Verlegung.

KLEINES GLOSSAR

Chassid	„der Fromme“
Chassidismus	religiös-mystische Bewegung im Judentum, im 18. Jahrhundert in Podolien (Ukraine) entstanden
Elul	Monat des jüdischen Kalenders (August–September)
Esther-Rollen	eine der bekanntesten Schriftrollen der jüdischen Geschichte. Die Esther-Rolle (auch Megilla) erzählt die Geschichte der Königin Esther und wird beim Purim-Fest verlesen
Kohen/Kohanim	Priester
Machsor	jüdisches Festtags-Gebetbuch für das ganze Jahr oder für einzelne Feste
Menora	siebenarmiger Leuchter, eines der Symbole des Judentums
Mesusa	Inschrift am rechten Türpfosten, in einer Holz- oder Metallhülse
Mikwa/Mikwe	in jeder jüdischen Gemeinde vorhandenes Tauchbad (religiöses Kultbad), insbesondere für Frauen
Pessach	eines der drei jüdischen Hauptfeste, gefeiert im Frühling zur Erinnerung an den Auszug aus Ägypten
Purim-Fest	jüdisches Freudenfest
Rabbi/Rebbe	Gelehrter/Lehrer der Thora
Sederabend	häusliche Feier am Vorabend von Pessach, Auftakt zum Pessach-Fest
Thora/Tora	die fünf Bücher Moses, für den gottesdienstlichen Gebrauch auf einer Pergamentrolle aufgezeichnet

ZEITTAFEL ZUR GESCHICHTE DER JUDEN IN LEIPZIG

1. Hälfte des 13. Jh.	Frühester Anhaltspunkt für die Existenz einer jüdischen Gemeinde
1352	Urkundlicher Nachweis einer jüdischen Siedlung mit Synagoge und Schule vor den Mauern der Stadt im Responsenbuch des Or Sarua
1359	Eine „Judengasse“ vor den Stadtmauern wird erwähnt
15. Jh.	Wechsel von Förderung und Verfolgung durch den meißnisch-sächsischen Territorialstaat. Gegen Ende des Jahrhunderts werden vermutlich die jüdischen Einwohner aus der Stadt vertrieben
15.–18 Jh.	Regelmäßige Messebesuche jüdischer Kaufleute vor allem aus dem Osten. Zwischen 1688 und
1764	kommen fast 82 000 Kaufleute in die Stadt, die 719 661 Taler an Abgaben zahlen. Ihre Quartiere befinden sich in der alten Judengasse, ab dem Jahr 1 700 vor allem auf der Osthälfte des Brühls
2. Hälfte des 18 Jh.	Im Zeichen der Aufklärung und der Französischen Revolution werden die Bestimmungen gegen die Sesshaftigkeit der Juden gelockert
um 1800	Hoher Anteil jüdischer Kaufleute, vor allem polnischer Händler, unter den Besuchern der Messen infolge der Ausweitung des Ost-West-Handels in der Zeit des unmittelbaren Beginns der Industrialisierung

1814	Konzessionierung des ersten Israelitischen Friedhofs im Johannistal neben der Sternwarte, 1815 wird er eingeweiht
um 1834	Organisatorische Herausbildung einer jüdischen Gemeinde, der späteren Israelitischen Religionsgemeinde zu Leipzig mit der Wahl eines provisorischen Vorstands
1835	Vor allem für ostjüdische Messebesucher existieren 7 Betlokale. Allmähliche Zunahme der Zahl ortsansässiger Juden
1837	Sächsisches Gesetz zur bürgerlichen Gleichstellung der Juden
1844	Herausgabe der Schriften von Moses Mendelssohn im Brockhaus Verlag Leipzig
1847	Wahl der Gemeindevertretung und des Vorstands. In Leipzig leben etwa 150 Juden
1855	Einweihung der Gemeindesynagoge an der Zentralstraße Ecke Gottschedstraße
1864	Einweihung des zweiten Israelitischen Friedhofs (heute Alter Israelitischer Friedhof) an der Berliner Straße. Schnelles Anwachsen der Zahl jüdischer Bürger
um 1900	Etwa 6000 Einwohner jüdischen Glaubens, aber auch Austritte aus der Religionsgemeinde infolge der zunehmenden Assimilation. Auseinandersetzung mit dem stärker werdenden Antisemitismus

1904	Einweihung der Brodyer Synagoge in der Keilstraße 4
1911	Gründung der Ortsgruppe des Centralvereins deutscher Staatsbürger jüdischen Glaubens
1913	Einweihung der Israelitischen Schule in der Gustav-Adolf-Straße 7 (heute Zentralbücherei für Blinde)
1922	Einweihung der Ez-Chaim-Synagoge in der Otto-Schill-Straße/Apels Garten (während des Novemberpogroms abgebrannt)
1925	Über 13 000 Bürgerinnen und Bürger der Stadt Leipzig gehören zum Judentum. Die Gemeinde steht zahlenmäßig an 6. Stelle im Deutschen Reich. Es erscheint der 1. Jahrgang des „Nachrichtenblattes der Israelitischen Religionsgemeinde zu Leipzig“, kurz „Gemeindeblatt“ genannt.
1928	Einweihung des dritten Israelitischen Friedhofs an der Delitzscher Landstraße (heute Neuer Israelitischer Friedhof)
1933	Mit der Übernahme der Regierungsmacht durch Hitler und seine Anhänger wird der Antisemitismus zur Staatsdoktrin. Ende Februar beginnt die systematische Verfolgung der Juden. Am 1. April inszenieren die Nationalsozialisten den „Juden-Boykott“ gegen Geschäftsleute. Deren Ausgrenzung beginnt. Namhafte Wissenschaftler und Künstler werden entlassen. Erste Welle der Vertreibung. Das Ringen um die jüdische Selbstbehauptung beginnt. Teilnahme jüdischer Gruppen und Persönlichkeiten am aktiven Widerstand

1933–1935	Maßnahmen gegen „nichtarische“ Ärzte und Anwälte
1935	Sperrung der Frei- und Hallenbäder für Juden, Verbot des Besuchs kultureller Veranstaltungen, von Bibliotheken, Museen und öffentlichen Parkanlagen. Durch die Ausführungsbestimmungen zu den am 15. September verkündeten „Nürnberger Gesetzen“ sind in Leipzig schätzungsweise 20 000 Menschen der Verfolgung „aus rassischen Gründen“ ausgesetzt. In der Folge gibt es Diffamierungen wegen „Rassenschande“ und zahlreiche Verhaftungen
1935/36	Höhepunkt jüdischer Selbstbehauptung als Teil des antifaschistischen Widerstands. Ausbau von mehr als 70 Vereinen mit der Israelitischen Religionsgemeinde an der Spitze trotz scharfer Überwachung und Repressalien gegen die Vorstände. Starker Anstieg der Emigration
1936	In der Nacht vom 9. zum 10. November wird das Denkmal für Felix Mendelssohn Bartholdy vor dem Gewandhaus in der Grassistraße abgerissen
1938	Die letzten noch existierenden jüdischen Firmen werden zwangs„arisiert“. Ab April werden 577 Großhandlungen geschlossen. Geschädigt werden insgesamt 1600 Gewerbetreibende. Besonders das internationale Pelzzentrum am Brühl ist betroffen. Am 28. und 29. Oktober kommt es zur ersten Deportation: 5 000 Leipziger Juden polnischer Staatsbürgerschaft werden auf der Grundlage von Himmlers reichsweit geltender Anweisung an die polnische Grenze gebracht. In einer Solidaritätsaktion wird 1296 Per-

sonen Asyl auf dem Grundstück des Polnischen Konsulats Wächterstraße 32 (Villa Ury) gewährt.

In der Nacht vom 9. zum 10. November inszenieren die Nationalsozialisten die „spontane Erhebung des deutschen Volkes“, im Jargon der Täter „Reichskristallnacht“ genannt.
In einer „Judenaktion“ (10.–13. November) kommt es zur Verhaftung von 553 Personen und deren Überführung nach Buchenwald und Sachsenhausen. Die „Verordnung über die Sühneleistung der Juden deutscher Staatsangehörigkeit“ wird erlassen. Allein im Zentrum Leipzigs werden während des Pogroms 7 Synagogen, 200 Geschäfte, zahlreiche Wohnungen und Vereinslokale zerstört. In der Folgezeit Schließung aller Synagogen und Verbot der Vereine, offener Terror gegen jüdische Menschen. Verhaftung von etwa 100 nichtjüdischen Einwohnern wegen Äußerungen ihrer Solidarität.
„Judenaktion“ (10. bis 13. November): Verhaftung von 553 Personen, Überführung nach Buchenwald und in andere Konzentrationslager. „Verordnung über die Sühneleistung der Juden deutscher Staatsangehörigkeit“ (12. November): Die jüdischen Bürgerinnen und Bürger müssen eine Milliarde Reichsmark Kontribution an den NS-Staat zahlen. Von den Leipziger jüdischen Einwohnern sind mehrere Millionen Mark aufzubringen. Emigration wird zur Flucht.

1939 Erneute Deportation von vermutlich 1 000 Juden an die polnische Grenze.
Im Frühjahr beginnt die Exmittierung in großer Zahl, Zwangseinweisungen in „Judenhäuser“. Nach

Kriegsausbruch (September) nehmen die Emigrationen rigoros ab. Kennzeichnung der Lebensmittelkarten für Juden mit „J".

Am 14. Dezember Schließung und Exmittierung des Israelitischen Krankenhauses (Eitingon-Stiftung), Zwangsverlagerung der Kranken zunächst in das Haus B5, danach in das D-Haus der Landesheil- und Pflegeanstalt Leipzig-Dösen. Hier ab 1940 erstmalig und damit noch vor der allgemeinen Kennzeichnungspflicht Kennzeichnung der jüdischen Kranken und des medizinischen Personals als Juden. Die Kenntlichmachung geschieht durch das Tragen von blauen Armbinden, die auf einem gelben Feld deutlich sichtbar den sogenannten Davidstern zeigen

1941 Ab 19. September muß in Deutschland der gelbe „Judenstern" getragen werden

1942 Am 21. Januar Beginn der „Endlösung" in Leipzig mit der ersten Deportation von 559 Opfern nach Riga.

Ab März müssen Wohnungen jüdischer Einwohner mit dem „Judenstern" gekennzeichnet sein.

1945 Am 13. Februar geht der letzte Transport von 169 Leipziger Juden nach Theresienstadt. Fast alle Deportierten überleben infolge der Befreiung des Lagers durch die Sowjetarmee diese Deportation.
Im Mai Konstituierung eines Gemeindevorstands, Rückkehr der ersten Überlebenden aus Buchenwald, Theresienstadt und anderen Lagern.
Die Arbeit der Israelitischen Religionsgemeinde zu Leipzig wird wiederaufgenommen

1945 Im Oktober Neuweihe der Talmud-Thora-Synagoge in der Keilstraße 4

1951 Im Mai Weihe eines Mahnmals auf dem Neuen Israelitischen Friedhof an der Delitzscher Straße

1953 Im Januar Beginn einer Fluchtwelle in die BRD aufgrund einer antijüdischen, antizionistischen Kampagne in der ehemaligen DDR

1955 Im November Einweihung der neuen Feierhalle auf dem Neuen Israelitischen Friedhof

1966 Im November Enthüllung eines Gedenksteins auf dem Platz der zerstörten Synagoge an der Gottschedstraße

1988 Im November Eröffnung einer Ausstellung anlässlich des 50. Jahrestags der Reichspogromnacht im Kroch-Hochhaus

1991 Im Juli erste Bestätigung der Mitgliedschaft in der Israelitischen Religionsgemeinde für einen jüdischen Zuwanderer aus der ehemaligen Sowjetunion

1993 Im Mai Neuweihe der Gemeindesynagoge Keilstraße nach umfangreicher Restaurierung und Modernisierung

1995 Im Zusammenwirken der Stadt Leipzig mit der Israelitischen Religionsgemeinde, der Ephraim-Carlebach-Stiftung und zahlreichen anderen Vereinen findet im Juni unter dem Titel „Shalom“ erstmals eine Jüdische Woche statt. In dieser Woche kommen zahlreiche ehemalige Leipziger auf Einladung der Stadt in ihre frühere Heimat. Sie findet künftig aller zwei Jahre statt

1997 Im Juni begeht die Israelitische Religionsgemeinde zu Leipzig ihren 150. Gründungstag

1998 Im Januar wird Salomon Almekias-Siegl zum Landesrabbiner für Sachsen berufen

2000 Im März verstirbt der Vorsitzende der Israelitischen Religionsgemeinde zu Leipzig, Aron Adlerstein, im Alter von 87 Jahren. Nachfolger im Amt wird Rolf Isaacsohn

2001 Im Mai hat die Israelitische Religionsgemeinde zu Leipzig mehr als 600 Mitglieder, die überwiegend aus den Ländern der früheren Sowjetunion kommen

Im Rahmen der IV. Jüdischen Woche im Juni wird die neue Gedenkstätte auf dem Areal der Synagoge Gottschedstraße eingeweiht

2002 Der Beginn des Umbaus des ehemaligen Altersheims der Ariowitsch-Stiftung zu einem jüdischen Kultur- und Begegnungszentrum verzögert sich aufgrund des vehementen Einspruchs von Anwohnern

2004 Im August wird Küf Kaufmann zum Vorsitzenden der Israelitischen Religionsgemeinde zu Leipzig gewählt. Er wurde 1947 in Marx an der Wolga geboren, lebte bis 1990 in Leningrad / St. Petersburg und kam 1991 mit seiner Familie nach Leipzig

2006 Im April Wiederaufnahme der Bauarbeiten für das geplante Begegnungszentrum in der Hinrichsenstraße 14

2009 Am 15. Mai wird das „Ariowitsch-Haus – Zentrum jüdischer Kultur“ für Leipzig in Anwesenheit zahlreicher Persönlichkeiten aus dem In- und Ausland eingeweiht

2015 Vom 28. Juni bis 5. Juli findet die 28. Jüdische Woche statt, die ganz im Zeichen des 50. Jahrestags der Aufnahme diplomatischer Beziehungen zwischen Deutschland und Israel steht und zugleich Teil der Feierlichkeiten „1000 Jahre Leipzig“ ist

EINE AUSWAHL VON STRASSENNAMEN IN LEIPZIG, DIE AN JÜDISCHE PERSÖNLICHKEITEN ERINNERN

Abrahamstraße in Lindenau
Barnet-Licht-Platz in Zentrum-Südost
Buckyweg in Probstheida
Carlebachstraße in Mockau
Davidstraße in Zentrum-West
Eitingonstraße in Zentrum-Nordwest
Erich-Mühsam-Straße in Meusdorf
Ernst-Toller-Straße in Lößnig
Ethel-und-Julius-Rosenberg-Straße in Großzschocher
Ferdinand-Lassalle-Straße in Zentrum-West
Goldschmidtstraße in Zentrum-Südost
Gottschalkstraße in Mölkau
Gustav-Mahler-Straße in Zentrum-West
Hedwig-Burgheim-Straße in Gohlis
Hinrichsenstraße in Zentrum-Nordwest
Jadassohnstraße in Lindenau
Katzmannstraße in Mockau
Lazarusstraße in Schönefeld
Lise-Meitner-Straße in Leutzsch
Louis-Fürnberg-Platz in Sellerhausen-Stünz
Max-Liebermann-Straße in Möckern
Mendelssohnstraße in Zentrum-West
Moschelesstraße in Zentrum-West
Otto-Michael-Straße in Eutritzsch
Paul-Michael-Straße in Leutzsch
Philipp-Rosenthal-Straße in Reudnitz
Plautstraße in Schönau
Rolf-Axen-Straße in Kleinzschocher
Rosa-Luxemburg-Straße in Zentrum-Ost
Samuel-Lampel-Straße in Mockau
Tarostraße in Zentrum-Südost
Witkowskistraße in Mockau

PERSONENREGISTER

KLEINE AUSWAHL VON LITERATUR NACH 1990

Bertram, Ellen
Menschen ohne Grabstein I und II, Leipzig 2001 und 2011

Diamant, Adolf
Chronik der Juden in Leipzig, Chemnitz 1993

Dubrovsky, Gertrude
Six from Leipzig, London 2004 (engl.)

Ephraim-Carlebach-Stiftung (Hrsg.)
Judaica Lipsiensis, Leipzig 1993

Ephraim-Carlebach-Stiftung (Hrsg.)
Geschichte und Leben der Juden in Leipzig, Berlin 1994

Ephraim-Carlebach-Stiftung/ Förderverein „Dr. Margarete Blank“ e. V. Leipzig, Panitzsch/ Stadt Leipzig, Grünflächenamt, Abt. Friedhöfe (Hrsg.)
Totenbuch der ausländischen jüdischen Opfer der nationalsozialistischen Gewaltherrschaft in Leipzig 1944 bis 1945, Leipzig 2005

Gottschalk, Gerda
Der letzte Weg, Konstanz 1991

Held, Steffen
Zwischen Tradition und Vermächtnis. Die israelitische Religionsgemeinde zu Leipzig nach 1945, Hamburg 1995

Hurst, Thea
Das Tagebuch der Thea Gersten, Leipzig 2002

Kashti-Kroch, Judith
Der Spuk geht vorüber, Leipzig 1993

Kowalzik, Barbara
Wir waren eure Nachbarn, Leipzig 1996

Kowalzik, Barbara
Jüdisches Erwerbsleben in der Inneren Nordvorstadt Leipzigs 1900–1933, Leipzig 1999

Kowalzik, Barbara
Das jüdische Schulsystem in Leipzig 1912–1933, Köln/Weimar/Wien 2002

Kralovitz, Rolf
Der gelbe Stern in Leipzig, Köln 1992

Kralovitz, Rolf
Häftling ZehnNullNeunzig in Buchenwald. Ein jüdischer Häftling erzählt, Köln 2000

Kreutner, Simson Jakob
Mein Leipzig, Leipzig 1992

Lang, Hubert
Zwischen allen Stühlen. Juristen jüdischer Herkunft in Leipzig (1848–1953), Leipzig 2014

Lange, Bernd-Lutz
Davidstern und Weihnachtsbaum, Leipzig 1992, 2. Auflage 2006

Lawford Hinrichsen, Irene
Music Publishing and Patronage. C F Peters 1800 to the Holocaust, Kenton 2000 (engl.)

Lorz, Andrea
Suchet der Stadt Bestes. Lebensbilder jüdischer Unternehmer aus Leipzig, Leipzig 1996

Lorz, Andrea
Strebe vorwärts. Lebensbilder jüdischer Unternehmer in Leipzig, Leipzig 1999

Lorz, Andrea
Schuhhaus H. Nordheimer. Lebensbilder jüdischer Unternehmer in Leipzig, Leipzig 2002

Lorz, Andrea
Die Erinnerung soll zum Guten gereichen. Aus dem Leben und zu den Leistungen Leipziger jüdischer Ärzte, Leipzig 2005

Nordheimer, Zwi Hermann
Zwischen Violinbogen und Pflugschar. Von Leipzig nach Israel, Kfar Bilalik, 1999

Samson, Schlomo
Zwischen Finsternis und Licht. Erinnerungen eines Leipziger Juden, Jerusalem 1995

Tyack, Renée
They called her Cassandra. A story of survival (Die Lebensgeschichte der Leipziger Familie Dr. med. Manfred Bergmann), Sussex 2008

Unger, Manfred/Hubert Lang
Juden in Leipzig. Eine Dokumentation, Leipzig 1988

Der Kabarettist und Autor Bernd-Lutz Lange begibt sich auf die Suche nach jüdischen Bürgern der Stadt Leipzig. Wie ein Archäologe legt er Spuren ihres Lebens frei, erzählt von Schicksalen rund um die Welt und trägt die Mauer des Vergessens Schicht für Schicht ab – getreu der jüdischen Weisheit: „Erinnerung bringt die Erlösung, Vergessen hält sie auf."

Aufbau Verlag
Broschur, 261 Seiten
Aufbau Taschenbuch
978-3-7466-8143-6
8,95 Euro

„In seiner Unmittelbarkeit erschütternd."
Aufbau, New York

„Es nimmt ein, daß er nicht von den ‚großen' Schicksalen spricht, sondern vom Friseur um die Ecke und der Krankenschwester gegenüber."
Allgemeine Jüdische Wochenzeitung

Andrea Lorz

Was ist geblieben?

Eine Spurensuche zum Leben und dem Wirken der Leipziger Ärzte
Dr. med. Edgar Alexander
Dr. med. Richard Hirschfeld
Dr. med. Moses Michel Walltuch

Broschur, 112 Seiten
16 x 24 cm, 42 Abbildungen
ISBN 978-3-95415-091-5
12,50 Euro

Die Autorin möchte an drei jüdische Ärzte erinnern, die zuvorderst als Mediziner für ihre Patienten da waren und das medizinische und das soziale Handeln stets als Einheit betrachteten. Darüber hinaus stellten sie ihre Kraft, ihr Wissen und ihr Engagement ungeteilt auch Vereinen und Organisationen der Medizin, Kultur und Religion zur Verfügung. Dieses Engagement erhielt jedoch nie einen achtungsvollen Dank ihrer Standesorganisationen. Im Gegenteil. Auch sie konnten nach dem Machtantritt der Nationalsozialisten 1933 nicht auf die Solidarität und den Beistand ihrer nichtjüdischen Berufskollegen zählen, als sie dessen bedurften. Möge dennoch das beeindruckende Wirken dieser drei Ärzte nicht vergessen werden und ihnen auf diese Weise ein verspäteter Dank zugehen.

Andrea Lorz

Die Erinnerung soll zum Guten gereichen

Aus dem Leben und zu den Leistungen Leipziger jüdischer Ärzte

Broschur, 272 Seiten, 111 Abb.,
16 x 24 cm
ISBN 978-3-938543-08-5
18,50 Euro

Andrea Lorz

Damit sie nicht vergessen werden!

Eine weitere Spurensuche zum Leben und Wirken jüdischer Ärzte in Leipzig

Broschur, 260 Seiten
16 x 24 cm, 100 Abbildungen
ISBN 978-3-95415-047-2
17,50 Euro

Die Autorin geht den Biografien Leipziger jüdischer Ärzte nach, die in sozial sehr breit gefächerten Wohngebieten praktizierten. Neben ihrem eigentlichen Tätigkeitsfeld, der Medizin, traten sie aber auch durch ihr Engagement in Kultur, Politik oder Wirtschaft hervor. Es wird auf den ungeheuren ethischen und moralischen Wertebruch eingegangen, der sich mit dem Machtantritt der Nationalsozialisten vollzog und noch weitgehend unbekannte Fakten der Leipziger (Medizin-)Geschichte vorgestellt. Deutlich wird in dieser Publikation auch, dass die Zeit der Zeitzeugen zu Ende geht, dass oft selbst die Kinder der vorgestellten Ärzte nicht mehr befragt werden können und die Angehörigen der Folgegenerationen zu den Suchenden und Fragenden werden.

Andrea Lorz

Lebensbilder jüdischer Unternehmer in Leipzig – Schuhhaus H. Nordheimer

Broschur, 88 Seiten, 60 Abb.,
16 x 24 cm
ISBN 978-3-932900-71-6
9,90 Euro

Ellen Bertram

Menschen ohne Grabstein 2

Erinnerung an jüdische Menschen, die bis zu ihrer Vertreibung und Vernichtung in Leipzig gelebt haben (2. Auflage)

Festeinband, 256 Seiten,
18 x 24 cm
19,50 Euro
ISBN 978-3-932900-51-8

lieferbar

Jüdisches Leben in Leipzig gestern – heute – morgen

Ein Literatur- und Bestandsverzeichnis

Broschur, 176 Seiten, 130 Abb.,
15 x 21 cm
9,80 Euro
ISBN 978-3-938543-29-0

lieferbar

Elke Urban (Hrsg.)

Jüdische Schulgeschichten

Ehemalige Leipziger erzählen

Broschur, 364 Seiten, 389 Abb.,
17 x 25 cm
19,80 Euro
ISBN 978-3-938543-91-7

lieferbar

Andrea Dilsner-Herfurth

Hedwig Burgheim – Leben und Wirken

Hrsg. Brigitte und Rolf Kralovitz

Festeinband, 88 Seiten, 15 Abb.,
16 x 23 cm
14,50 Euro
ISBN 978-3-938543-45-0

lieferbar

1 Ehemaliger Israelitischer Friedhof

2 Alter Israelitischer Friedhof

3 Neuer Israelitischer Friedhof

4 Gedenkstein und Gedenkstätte für die Gemeindesynagoge

5 Ehemalige Brodyer Synagoge

6 Ehemalige Beth-Jehuda-Synagoge

7 Ez-Chaim-Synagoge

8 Ehemaliges Wohn- und Bethaus des Rabbiners Israel Friedmann

9 Haus der Israelitischen Religionsgemeinde zu Leipzig

10 Ehemalige Volks- und Höhere Israelitische Schule zu Leipzig

11 Geburtshaus des Nobelpreisträgers Sir Bernard Katz

12 Ehemaliges Israelitisches Krankenhaus

13 Ehemaliges Sächsisches Israelitisches Altersheim zu Leipzig

14 Wohngebiet Neu-Gohlis

15 Ehemals Schussheims Wohn- und Altersheime

16 Ehemaliges Kinderheim der Leipzig-Loge

17 Ehemalige Villa Ury

18 Gedenkstein an der Parthe

19 „Judenhäuser“

20 Steinrelief am Alten Rathaus

21 Königsbau Augustusplatz

22 Das Denkmal im Hauptbahnhof